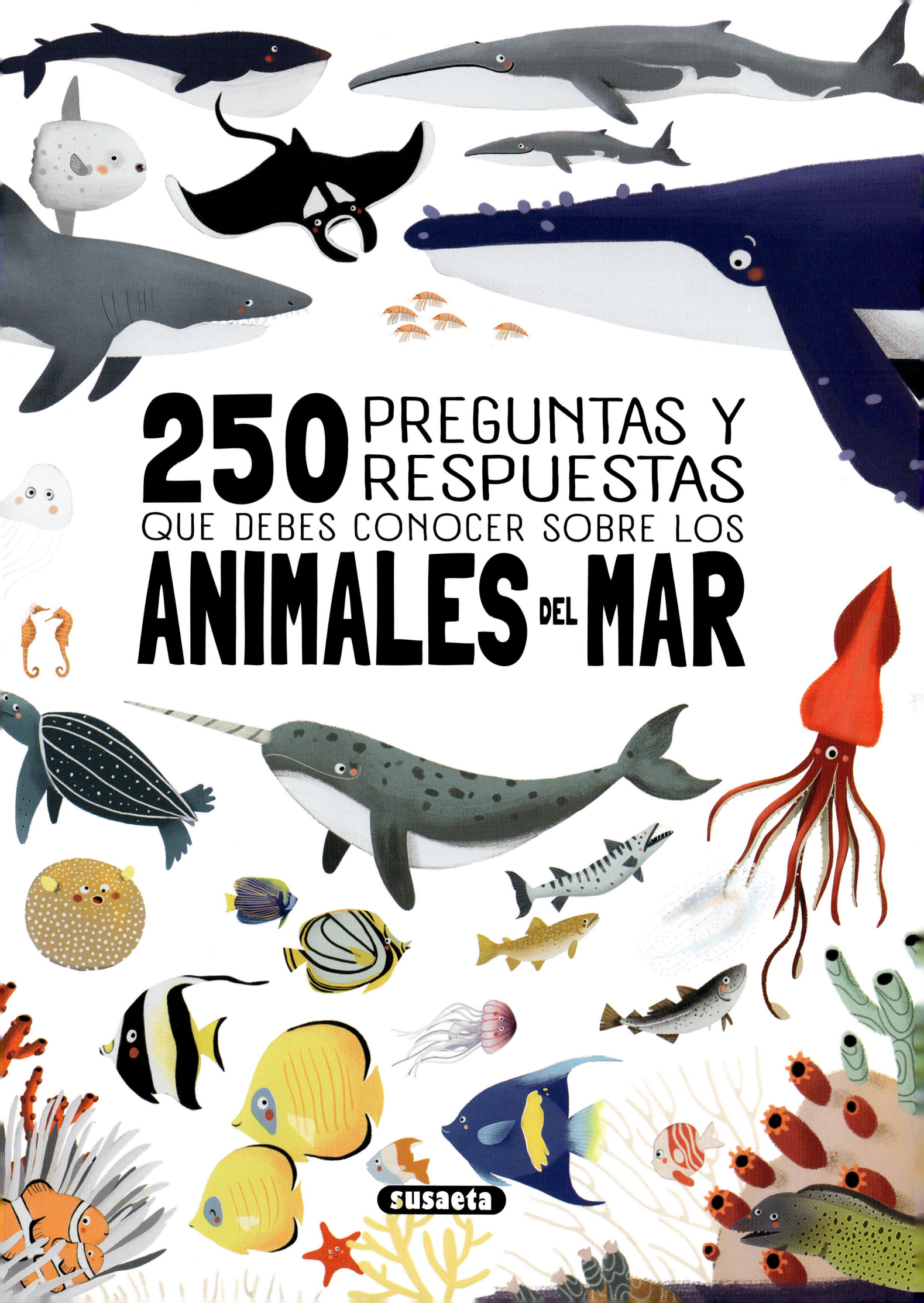

250 PREGUNTAS Y RESPUESTAS QUE DEBES CONOCER SOBRE LOS ANIMALES DEL MAR

susaeta

Dirección editorial: M.ª Jesús Díaz
Coordinación: Roberto Uriel
Diseño gráfico y maquetación: Rocío Cuenca
Revisión: Isabel López
Ilustraciones: Marifé González

© SUSAETA EDICIONES S.A.
C/ Campezo, 13 - 28022 Madrid
Tel.: 91 3009100
www.susaeta.com

D.L.: M-4059-2024

INTRODUCCIÓN

Bajo la superficie del océano, donde
las olas bailan con el viento y el sol
dibuja destellos de luz, existe un mundo de
maravillas que espera ser explorado. Este no
es un lugar común, es el hogar de las criaturas
más asombrosas que jamás
hayas imaginado.

En este libro, te sumergirás en las profundidades azules
para conocer los animales que viven en el corazón del mar.
Desde la ballena azul, el animal más grande del mundo, hasta
el misterioso calamar
que cambia de color en un abrir y cerrar de ojos.
¡Zambúllete con nosotros y déjate sorprender por el increíble
mundo que esconde el azul infinito!

¿AÚN ESTÁS AQUÍ?
Pasa la página y prepárate:
los animales del mar te están esperando
a lo largo de 250 preguntas
y respuestas.

SUMARIO

EL ORIGEN DE LA VIDA MARINA

Se calcula que los océanos se formaron hace más de 4.000 millones de años, poco después del nacimiento de la Tierra, y, con ellos, los seres vivos.

¿Cómo se formaron los océanos?

¿Cómo fue el proceso de formación?

El agua, durante el proceso de formación del planeta, se concentró bajo la superficie terrestre. La intensa **ACTIVIDAD VOLCÁNICA** facilitó la emisión de **VAPOR DE AGUA** a la atmósfera, que, con el enfriamiento del planeta, se condensó formando espesas masas de **NUBES Y TORMENTAS.** Las intensas y permanentes lluvias fueron llenando de agua los terrenos más bajos y dieron origen a los océanos.

¿Cómo era la Tierra en el Pérmico?

Hace 225 millones de años, todas las tierras emergidas formaban un único continente, o Pangea, y **UN ÚNICO OCÉANO,** llamado **PANTALASA.**

CICLO DEL AGUA

OCÉANO ÁRTICO

OCÉANO
ATLÁNTICO

OCÉANO
PACÍFICO

OCÉANO
ÍNDICO

OCÉANO ANTÁRTICO

3

¿Cómo era la Tierra en el Triásico?

Hace 180 millones de años, Pangea se dividió en dos grandes masas continentales: **LAURASIA** al norte y **GONDWANA** al sur. Entre ellas se formó el mar de Tetis, antecesor del Mediterráneo.

4

¿Cómo era la Tierra en el Jurásico?

Hace 125 millones de años, la India, separada de Pangea, se desplazó hacia el norte. Se formaron los **OCÉANOS ÍNDICO Y ATLÁNTICO NORTE.** América del Sur y África comenzaron a separarse.

5

¿Cómo era la Tierra en el Cretácico?

Hace 65 millones de años, **SE FORMÓ EL MEDITERRÁNEO** a partir del mar de Tetis. El Atlántico sur creció, Madagascar se separó de África, la India chocó con Asia y Australia comenzó a separarse de la Antártida.

6

¿Cómo es la Tierra en la actualidad?

Australia sigue desplazándose hacia el norte.
El océano Atlántico y el Índico siguen creciendo,
y el **MEDITERRÁNEO** tiende a **DESAPARECER.**

En el mar nació la vida

7

¿Dónde nació la vida?

La vida nació **EN EL MAR.** Se calcula que hace unos 3.800 millones de
años las condiciones de los océanos eran adecuadas para la aparición de
las primeras células vivas.

8

¿Cuándo nacieron los primeros organismos?

Unos trescientos millones de años después aparecieron
en el mar las **ALGAS** y los **ESTROMATOLITOS** (colonias
bacterianas), que gracias a su capacidad para realizar la
fotosíntesis enriquecieron la atmósfera de oxígeno. Desde
entonces hasta ahora, se han sucedido unos periodos
en los que los mares rebosaban vida y otros en los que
ocurrieron grandes extinciones en masa.

9
¿Cuántas extinciones ha habido?

A lo largo de la historia de la vida en el mar, los registros fósiles muestran que se han producido **CINCO GRANDES EXTINCIONES** en masa.

10
¿Cuál fue la primera extinción?

Ocurrió a principios del **SILÚRICO,** con la desaparición de muchos invertebrados marinos.

11
¿Y la segunda?

Ocurrió durante el **DEVÓNICO,** con la pérdida de muchas especies de diversos grupos de animales, como corales, esponjas y peces.

12
¿Qué ocurrió en la tercera extinción?

Se extinguieron más de la mitad de los organismos marinos. Ocurrió a finales del **PÉRMICO.**

13

¿Y la cuarta?

A finales del Triásico disminuyó drásticamente la población de un grupo de moluscos muy diversificado, los **AMONITES.**

14

¿Y la quinta extinción?

A finales del Cretácico, con la extinción completa de amonites, **DINOSAURIOS Y GRANDES REPTILES MARINOS.**

Clasificación de las especies marinas

15

¿Hay muchas especies marinas?

La gran variedad de la fauna marina actual es el resultado de un proceso de evolución de más de tres mil millones de años. Hay unas **250.000 ESPECIES MARINAS** descritas y cada año se descubren otras 2.000.

16

¿En qué grupos principales se clasifican?

AVES: poseen alas y plumas. **REPTILES:** además de nadar, se arrastran sobre la superficie terrestre. **PECES:** tienen aletas en lugar de patas. **MAMÍFEROS:** paren sus crías ya formadas y les dan de mamar. **MOLUSCOS Y CRUSTÁCEOS:** son animales invertebrados y carecen de esqueleto interno.

17

¿Los peces solo viven en el agua?

Los peces son los únicos animales marinos que **SOLO** viven en el **MEDIO ACUÁTICO.** Tienen rasgos muy diferentes entre sí y su tamaño puede oscilar entre los 15 m del tiburón ballena y los 8 mm de algunas especies diminutas.

NUESTROS OCÉANOS

La Tierra está bañada por cinco grandes océanos, si bien todos están conectados y forman un inmenso ambiente acuático que ocupa cerca del 71 % de la superficie del planeta. Origen de la vida, lo habitan organismos colosales y microscópicos, y rebosa vitalidad desde la superficie hasta la oscuridad de las profundidades. Un mundo que invita a sumergirse en su inmensa belleza.

Océano Atlántico

18

¿Qué es la dorsal mesoatlántica?

A lo largo de todo el Atlántico, como una enorme serpiente con forma de S, discurre una gran **CORDILLERA SUBMARINA,** la dorsal mesoatlántica. Algunas de sus cumbres asoman por encima del agua y forman islas, por ejemplo Islandia (en el Atlántico Norte) o el archipiélago de las Azores.

19

¿Por qué llamaban «mar de las tinieblas» al océano Atlántico?

En la Edad Media, el Atlántico era conocido como el «mar de las tinieblas»; por mucho que mirasen al horizonte, **LOS NAVEGANTES NO VEÍAN TIERRA** al otro lado, así que no se atrevían a internarse mucho.

20

¿En qué zona está más caliente el agua del Atlántico?

En el mar del Caribe. Por ello sufre el efecto de los **CICLONES TROPICALES,** huracanes que se forman al otro lado del Atlántico, en las costas de África.

21

¿Qué es la Atlántida?

Es una **TIERRA MÍTICA** que muchos investigadores han buscado, aunque nunca ha sido hallada. Los griegos la situaban **EN EL OCÉANO ATLÁNTICO,** un mar para ellos desconocido, donde creían que terminaba el mundo. El dios griego Poseidón era su dueño.

Océano Pacífico

22

¿Dónde se encuentra el lugar más profundo del planeta?

El lugar más profundo del planeta se halla en el Pacífico. La llamada **FOSA DE LAS MARIANAS,** a medio camino entre Japón y Nueva Guinea, es una brecha alargada cuyo punto más profundo supera los 11.000 metros. ¡Y hay mucha vida allí abajo!

11.000 m

23

¿Por qué se hicieron famosas las islas Galápagos?

Repletas de reptiles y grandes galápagos (claro), estas islas se hicieron famosas cuando el naturalista **CHARLES DARWIN** estudió, en el siglo XIX, algunos de los animales que allí viven y se dio cuenta de que los seres vivos no dejamos de **EVOLUCIONAR** para adaptarnos al medio en el que nos ha tocado vivir.

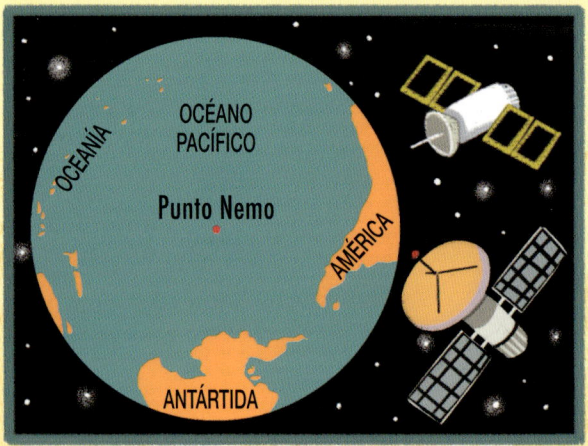

OCEANÍA

OCÉANO PACÍFICO

Punto Nemo

AMÉRICA

ANTÁRTIDA

24

¿Cómo se llama al punto más alejado de tierra firme?

Se llama **PUNTO NEMO.** Sin tierra a la vista a más de 2.700 km de distancia, este espacio en medio del mar se aprovecha como «cementerio espacial», un lugar adonde van a parar los restos de algunos artilugios utilizados en el espacio, como los satélites.

25

¿Dónde está la mayor elevación del mundo?

En el Pacífico también está la mayor elevación del mundo. Se trata de un volcán, el **MAUNA KEA,** en **HAWÁI.** Mide más de 10.200 metros, aunque, como su base está en el océano, solo podemos ver los 4.207 metros que asoman sobre el nivel del mar.

Océano Índico

26

¿Qué son los monzones?

Los monzones son **VIENTOS** que soplan en las **ZONAS TROPICALES** y que, en el océano Índico, suelen seguir la misma dirección: de sur a norte en verano y al revés en invierno. Cuando soplan desde el sur, traen lluvias con el agua procedente del mar. Aprovechando estos vientos más o menos estables, se puede navegar bien por el Índico.

27

¿Y los corales?

La diversidad de corales es enorme en el océano Índico. Pero, aunque parezcan plantas, los corales **SON ANIMALES** y pueden formar grandes colonias y arrecifes, como en las islas Maldivas.

28

¿Por qué están en peligro los corales?

El océano Índico es el más caliente de todos y también el que más está notando el **CALENTAMIENTO GLOBAL.** Año tras año, la temperatura sube a un ritmo superior al de otras partes del mundo y esto está dañando los ecosistemas más frágiles, como los del coral.

Océano Glacial Ártico

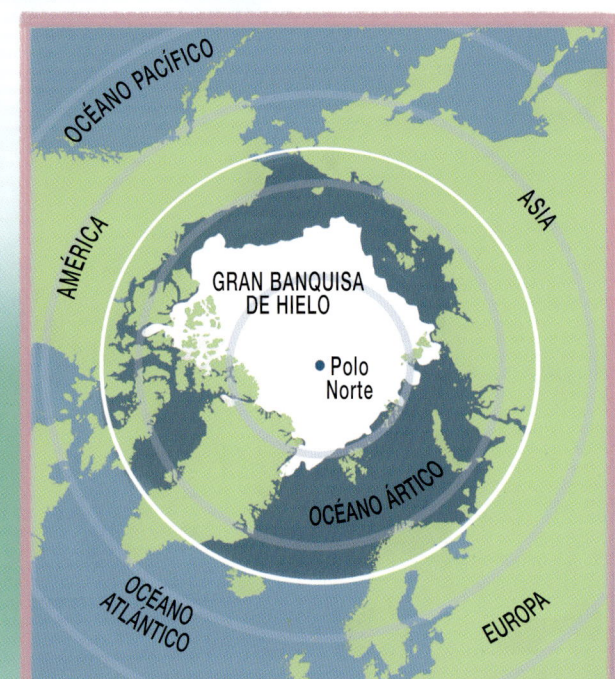

29

¿Dónde se encuentra el océano Glacial Ártico?

El **CÍRCULO POLAR ÁRTICO** es uno de los paralelos terrestres. Lo que se encuentra al norte de esta línea imaginaria es el Ártico. En la región ártica se encuentra el océano Ártico y algunos territorios de América, Europa y Asia. Las regiones polares son las que rodean al **POLO NORTE** geográfico.

30

¿Qué son las auroras boreales?

Se trata de una **LUZ RESPLANDECIENTE,** de color cambiante, que se produce cuando las partículas cargadas con la energía del viento solar alcanzan el campo magnético de la Tierra y se trasladan moviéndose a través de él. Si se dan en el extremo norte del planeta se llaman «auroras boreales»; si se generan en el sur, son «australes».

31

¿Qué está pasando con el hielo del Ártico?

El hielo del Ártico **SE ESTÁ DESHACIENDO.** Debido al calentamiento global, el hielo cada vez se deshace más rápido, lo cual tiene graves consecuencias para seres vivos como el oso polar, pues este hielo es su hábitat.

Océano Glacial Ántártico

32

¿Qué continente rodea el océano Glacial Antártico?

Este océano, el que está situado más al sur del planeta, rodea el continente de **LA ANTÁRTIDA** y se sitúa en el **CÍRCULO POLAR ANTÁRTICO.**
Si pudiésemos trazar una línea en el mar que delimitase este océano, observándolo desde el sur veríamos un océano circular.

33

¿Cómo son sus aguas?

Sus aguas son las más frías del planeta. En parte están congeladas formando **ICEBERGS,** cuya parte superior sobresale por encima del agua (aunque la mayor parte del iceberg está debajo). En la Antártida se ha registrado la **TEMPERATURA MÁS BAJA** de la historia: ¡−89,2 °C!

34

¿Qué práctica se llevaba a cabo en este océano que actualmente está prohibida?

La **CAZA** comercial de **BALLENAS.** En verano, acudían allí las ballenas para alimentarse del kril, y los cazadores aprovechaban para cazarlas y luego vender su grasa, que se utilizaba como combustible.

35

¿Es muy variado el medio marino?

En el medio marino existen **HÁBITATS DIVERSOS.** Cuanto más alejadas están las aguas de la costa, el fondo oceánico se encuentra a mayor profundidad. En las aguas más profundas disminuyen la luz, la temperatura y el alimento y, por el contrario, aumenta la presión. Estos aspectos definen diferentes zonas en el medio acuático y determinan en gran medida la distribución y la diversidad de los organismos marinos.

36

¿Qué es la zona epipelágica?

Se encuentra entre los 0 y 200 m de profundidad. Gracias a la abundancia de luz, es donde se desarrolla el **FITOPLANCTON.**

37

¿Qué es la zona mesopelágica?

Se encuentra entre los 200 y los 1.000 m. Apenas existe luz y hay gran abundancia de **ZOOPLANCTON.**

38

¿Qué es la zona batipelágica?

Se encuentra entre los 1.000 y los 3.000 m. La **OSCURIDAD** es **COMPLETA,** a excepción de la luz emitida por los organismos que habitan estos ambientes.

39

¿Qué es la zona abisal?

Se encuentra entre los 3.000 y los 6.000 m. Las aguas, frías y oscuras, están habitadas por algunos **PECES ABISALES.**

ZONA EPIPELÁGICA

ZONA MESOPELÁGICA

ZONA BATIPELÁGICA

ZONA ABISAL

Dorsal
oceánica

Fondo abisal

Fuente
hidrotermal

Fosa
oceánica

ZONA HADAL

40

¿Qué es la zona hadal?

Se encuentra a **MÁS DE 6.000 M.** Incluye las fosas oceánicas. En esta zona existen escasos organismos de gran tamaño.

41

¿Qué son las corrientes marinas?

Los vientos constantes que circulan por la atmósfera terrestre originan las llamadas «corrientes oceánicas o marinas», **MOVIMIENTOS SUPERFICIALES** de las aguas del mar.

42

¿Y qué es la circulación profunda?

El agua también se desplaza con **MOVIMIENTOS ASCENDENTES Y DESCENDENTES,** como en un tobogán, en puntos concretos del planeta, recorriendo todos los océanos; este desplazamiento se denomina «circulación profunda».

43

¿Con qué se pueden comparar estas corrientes?

Con un auténtico **TOBOGÁN.** Pueden alcanzar una gran velocidad. Recorren miles de kilómetros y su existencia es esencial para mantener el equilibrio de las temperaturas en nuestro planeta.

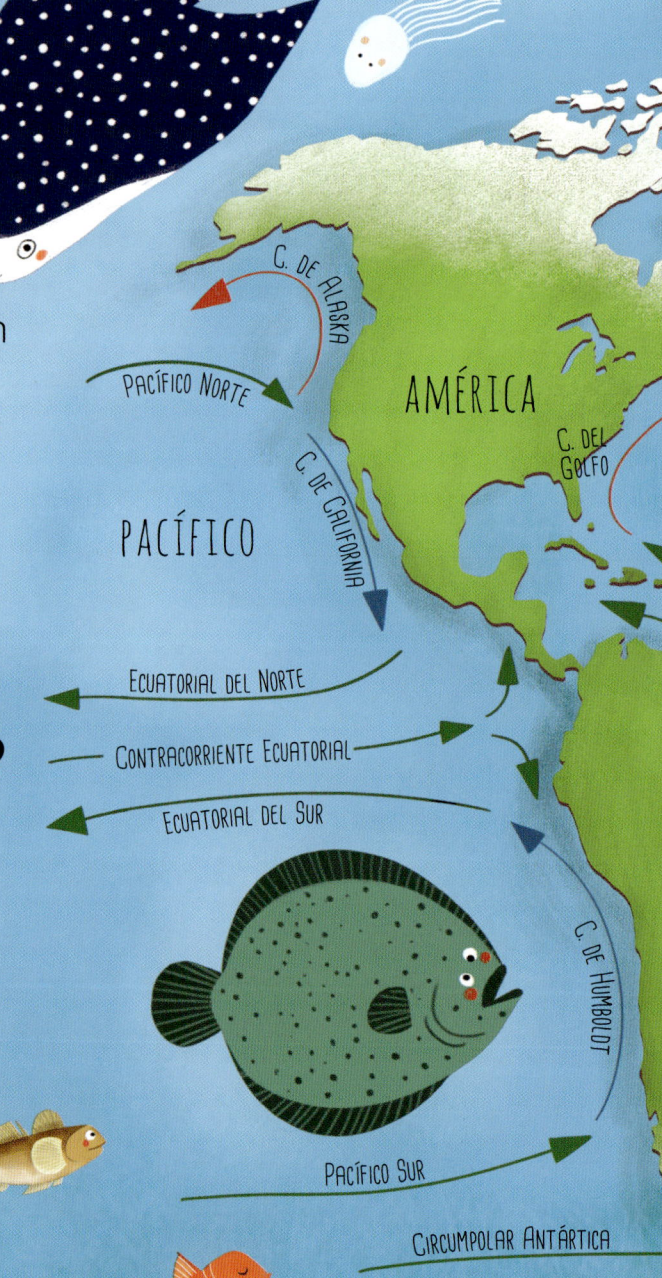

C. DE ALASKA

PACÍFICO NORTE

AMÉRICA

C. DEL GOLFO

C. DE CALIFORNIA

PACÍFICO

Ecuatorial del Norte

Contracorriente Ecuatorial

Ecuatorial del Sur

C. DE HUMBOLDT

Pacífico Sur

Circumpolar Antártica

Subpolar Antártica

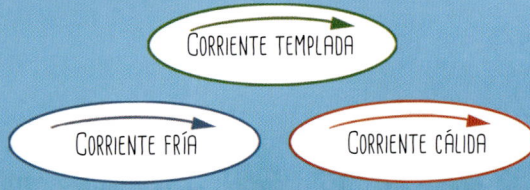

Corriente templada

Corriente fría

Corriente cálida

44

¿Cuál es la función de las corrientes superficiales oceánicas?

Estas corrientes son de vital **IMPORTANCIA PARA EL CLIMA** mundial. Permiten mantener en equilibrio la temperatura de la Tierra, al transportar a las partes más frías del planeta el exceso de calor que la fuerte radiación solar provoca en las zonas ecuatoriales.

EUROPA

ASIA

ÁFRICA

PACÍFICO

ATLÁNTICO

ÍNDICO

OCEANÍA

ANTÁRTICO

ANTÁRTIDA

C. DE GROENLANDIA
C. DE LABRADOR
C. DE NORUEGA
C. DE OYASHIO
Atlántico Norte
Pacífico Norte
C. DE LAS CANARIAS
C. DE KUROSHIO
Ecuatorial del Norte
Contracorriente
Ecuatorial del Sur
Ecuatorial del Norte
Ecuatorial del Norte
Contracorriente
Ecuatorial del Sur
C. DE LAS AGUJAS
C. DEL BRASIL
AUSTRALIA OCCIDENTAL
AUSTRALIA ORIENTAL
C. DE BENGUELA
C. DE MOZAMBIQUE
Atlántico Sur
Índico Sur
Circumpolar Antártica
Subpolar

45

¿Qué son las mareas?

Las mareas son **ASCENSOS Y DESCENSOS** periódicos del **NIVEL DEL MAR** originados por la atracción gravitatoria que ejercen la Luna y el Sol sobre la Tierra. Son más visibles en las costas, donde originan una zona denominada «intermareal», en la que se asientan interesantes ecosistemas, como los estuarios o los manglares.

46

¿Cómo se forman las mareas?

La **LUNA** origina los **CICLOS DE MAREAS** diarios, las llamadas «mareas lunares», de forma que en 24 horas, aproximadamente, se producen dos mareas altas (pleamar) y dos mareas bajas (bajamar).

47

¿Dónde aparecen las mareas lunares?

Las mareas lunares aparecen simultáneamente en **DOS ZONAS DEL PLANETA:** en la cara de la Tierra más próxima a la Luna y en la opuesta.

48

¿Cuándo se originan las mareas vivas?

Cuando la **TIERRA,** la **LUNA** y el **SOL** están **ALINEADOS,** dos veces al mes, la bajamar y la pleamar son muy marcadas (mareas vivas).

49

¿Cada cuánto tiempo se producen las mareas vivas?

Se producen **CADA QUINCE DÍAS,** cuando las fuerzas de atracción del Sol y la Luna se suman, lo que provoca que la subida y el descenso del nivel del mar sean máximos en esos momentos.

50
¿Es el mar un vertedero?

El viento y las corrientes marinas del hemisferio norte originan dos grandes movimientos giratorios del agua en el sentido de las agujas del reloj: uno en el Pacífico y otro en el Atlántico. Toda la basura, formada en su mayor parte por plásticos, queda atrapada en estos enormes remolinos y da lugar a unas gigantescas **ISLAS DE BASURA.**

51
¿Cómo es la isla de basura del Atlántico?

Tiene una superficie de **700.000 KM²,** más grande que España y Portugal juntas.

52
¿Cómo es la isla de basura del Pacífico?

Tiene una superficie de **1.760.000 KM²,** casi tres veces España y Portugal juntas.

53
¿Cómo se «cocina» la «sopa de plásticos»?

La **RADIACIÓN SOLAR** degrada el plástico, rompiéndolo en fragmentos diminutos que se mezclan con el agua y forman una sopa plástica que alcanza zonas profundas. Los objetos que no flotan se hunden y la fauna submarina puede confundirlos con alimento.

54

¿Por qué hay tanto plástico en el mar?

A mediados del siglo xx se inició la producción de plástico a gran escala. En la actualidad, se producen en el mundo 100 millones de toneladas de plástico cada año, de las que unos 10 millones terminan en el mar como consecuencia de los **VERTIDOS** de los barcos y, sobre todo, de lo que se tira **DESDE TIERRA.**

55

¿Cuántos animales mueren por el plástico?

Se calcula que cada año mueren cerca de cien mil mamíferos y tortugas marinas y más de **UN MILLÓN DE AVES** como consecuencia de la ingestión de fragmentos de plástico arrojados al mar.

CARACTERÍSTICAS GENERALES DE LOS ANIMALES MARINOS

Muchas especies de animales viven en el medio marino y, aunque todas son diferentes, hay algunos rasgos comunes que han desarrollado con el tiempo para adaptarse a este medio.

Respiración branquial y pulmonar

56

¿Cuál es el mecanismo de respiración más extendido entre los animales marinos?

La **RESPIRACIÓN BRANQUIAL,** aunque los mamíferos marinos, como el resto de los mamíferos, tienen respiración pulmonar.

57

¿Dónde se encuentran las branquias?

Pueden estar situadas **EN EL INTERIOR** del animal, como en los peces, o quedar expuestos al exterior, como ocurre en muchos invertebrados marinos y en los embriones de diversas especies de peces.

58

¿Cómo se produce la respiración branquial?

Al respirar, el **AGUA CON OXÍGENO** entra por la boca y, después de pasar por las láminas branquiales, sale al exterior conteniendo dióxido de carbono.

Branquias

59

¿Cómo se han adaptado los mamíferos marinos a la vida en el mar?

Los cetáceos, entre ellos los delfines y las ballenas, han sufrido una importante modificación de su aparato respiratorio para adaptarse al medio marino: los **ORIFICIOS NASALES** se han desplazado a la parte superior de la cabeza para facilitar la **RESPIRACIÓN EN LA SUPERFICIE,** mientras el resto del cuerpo permanece sumergido.

60

¿Cómo aguantan la respiración?

Los mamíferos marinos han desarrollado **PULMONES DE GRAN TAMAÑO** para almacenar más aire y aguantar más tiempo sumergidos. Las focas pueden mantener la respiración cerca de 20 minutos.

61

¿Qué sentidos tienen los animales marinos en la piel?

En muchas especies marinas la piel no solo posee la capacidad de proteger y aislar el organismo del ambiente externo, sino que también es el espacio donde se localizan diversos **ÓRGANOS ESPECIALIZADOS** en detectar el más mínimo cambio del medio acuático en el que viven.

Línea lateral

62

¿Qué es la línea lateral?

Una línea que se extiende a ambos lados del cuerpo de los peces, desde la cabeza hasta la base de la aleta caudal. Es un **SEXTO SENTIDO** para ellos, pues les sirve para detectar movimientos y vibraciones del agua.

63

¿Qué son las narinas?

Son los **ÓRGANOS DEL OLFATO** de los peces, pero no les sirven para respirar. Son muy sensibles, sobre todo en los tiburones, ya que son capaces de detectar el olor de una pequeña cantidad de sangre a varios kilómetros de distancia.

Narinas

Ampollas de Lorenzini

64

¿Qué son las ampollas de Lorenzini?

Son unos **ÓRGANOS SENSORIALES** que se presentan como puntos negros en la piel de la cabeza de los tiburones. Poseen la capacidad de detectar cambios de temperatura y pequeñas descargas eléctricas provenientes de seres vivos, lo que les permite localizar presas enterradas en el fondo.

Apéndices sensoriales

65

¿Quiénes desarrollan órganos sensoriales fuera del cuerpo?

Los habitantes de los fondos marinos han desarrollado largos apéndices sensoriales, cuya función es explorar el medio, mantener las distancias con los depredadores o localizar a sus presas. Algunos ejemplos son las largas antenas del **CAMARÓN** o los delgados filamentos del **PEJESAPO ESPINOSO.**

66

¿Quiénes se comunican y orientan por sonidos?

Algunas especies de **CETÁCEOS,** como los delfines o las ballenas, emiten sonidos para comunicarse entre ellos, pero lo más sorprendente es que también los utilizan para orientarse y cazar.

67

¿Dónde hay más peces de colores?

Los bellos y llamativos colores de muchos animales marinos alcanzan su máxima expresión en los peces que habitan los **ARRECIFES CORALINOS** de los mares tropicales.

68

¿Pueden utilizar los colores para despistar?

El **PEZ MARIPOSA** de hocico largo posee un antifaz naranja tras el cual esconde los ojos verdaderos, mientras que en el otro extremo del cuerpo presenta dos grandes **«OJOS FALSOS».** Esta disposición de colores confunde al depredador, que ataca al pez por la cola, lo que le permite escapar en sentido contrario.

69

¿Cómo se camuflan gracias a los colores?

Muchas especies marinas, para no ser vistas por sus depredadores, modifican los colores de su cuerpo adaptándolos al ambiente que los rodea. Es el caso del **RODABALLO,** capaz de pasar de un color homogéneo y continuo a un color no uniforme, descompuesto en pequeños puntos desordenados por la piel, de modo que **SE CONFUNDE** perfectamente **CON EL FONDO.**

70

¿Pueden cambiar de aspecto según su humor?

Ante una **AMENAZA,** muchas especies de peces que viven entre los corales muestran un estado de gran excitación, acompañado de **CAMBIOS DE COLOR.** Uno de los casos más conocidos es el de los **CALAMARES.**

71

¿Hay colores que sirven de advertencia?

Algunos habitantes de los mares tropicales presentan colores muy vistosos que les sirven para **ALERTAR** a otras especies de los peligrosos **SISTEMAS DE DEFENSA** que poseen (espinas, venenos...) y así evitan su aproximación. Es el caso del pez escorpión o el pez cirujano.

72

¿Qué es la bioluminiscencia?

Existe la creencia de que los fondos abisales son espacios en oscuridad permanente, pero la realidad es otra: **MILLONES DE LUCES** son emitidas por las criaturas que los habitan, gracias a un proceso químico llamado «bioluminiscencia».

73

¿Dónde se produce este fenómeno?

Se produce en los **FOTÓFOROS,** órganos en cuyo interior viven en simbiosis bacterias productoras de luz. Sus funciones pueden ser: defensa, alimentación, comunicación o búsqueda de pareja.

74

¿Luces de colores?

La bioluminiscencia que producen la mayoría de los seres de los fondos abisales es principalmente de **COLOR AZULADO O VERDOSO.** Curiosamente, existen otros organismos capaces de producir fluidos luminiscentes de color rojo o amarillo, como algunos gusanos; la función de estos colores sigue siendo un misterio.

75

¿Sirve la luz como medio de comunicación?

Algunas especies poseen múltiples órganos bioluminiscentes repartidos por todo el cuerpo que **EMITEN SEÑALES LUMINOSAS** para comunicarse con sus semejantes.

76

¿Luz de camuflaje?

Numerosos organismos que viven en la penumbra utilizan la bioluminiscencia para **ENMASCARAR SU SILUETA.** Los fotóforos, distribuidos por el cuerpo, generan un campo luminoso igual al color del agua circundante, lo que vuelve totalmente invisible al animal.

77

¿Cómo caza el pejesapo espinoso?

Este pez posee un **SEÑUELO LUMINOSO** en la cabeza, que apaga y enciende; también lo agita adelante y atrás, a modo de **CAÑA DE PESCAR,** y así atrae a sus presas, que, engañadas, creen haber encontrado algún gusano para alimentarse.

OCÉANO ATLÁNTICO NORTE

Foca gris

Esturión del Atlántico

ESTRECHO DE DAVIS

Narval

78

¿Desde cuándo existe el esturión del Atlántico?

El esturión es un **PEZ PRIMITIVO** que lleva viviendo en nuestro planeta desde el periodo **CRETÁCICO,** hace más de 120 millones de años. ¡Es contemporáneo de los dinosaurios!

MAR DEL LABRADOR

Aguja azul del Atlántico

Ballena azul

GOLFO DE SAN LORENZO

79

¿Cuánto puede llegar a vivir un esturión?

Es una especie muy longeva, puede alcanzar la edad de **60 AÑOS.**

Esturión del Atlántico

Pez vela

OCÉANO

ISLAS BERMUDAS

Carabela portuguesa

Estrella espinosa

ISLAS BAHAMAS

GOLFO DE MÉXICO

Pez volador

Pez ángel

Sargazo

Pez mariposa de arrecife

Esponja marina

Tiburón blanco

ANTILLAS

MAR CARIBE

Gaviota

Erizo de mar

Pez loro

OCÉANO PACÍFICO

Cangrejo violinista

Medusa

AMÉRICA

MAR DE GROENLANDIA

OCÉANO ÁRTICO

Pato arlequín

SVALBARD

Oso polar

Alcatraz

ISLANDIA

Alca torda

Morsa

Bacalao atlántico

Frailecillo

Foca pía

80

¿Qué caracteriza al bacalao?

Posee **TRES ALETAS DORSALES** y una **BARBA** robusta bajo la boca.

Pulpo

Bacalao atlántico

Gaviota argéntea

ISLAS BRITÁNICAS

MAR DEL NORTE

EUROPA

81

¿Por qué el bacalao es el pez que más se pesca?

La **EXQUISITA Y NUTRITIVA CARNE** del bacalao es la causa de la drástica reducción de sus poblaciones en la actualidad.

Merluza europea

Bogavante

Atún rojo

ISLAS AZORES

Nécora

Salmón del Atlántico

Gaviota de Audouin

ÁFRICA

ISLAS CANARIAS

ATLÁNTICO

82

¿Es un pez sedentario?

Ortiga de mar

Tomate de mar

ISLAS DE CABO VERDE

En absoluto. Migra **MILES DE KILÓMETROS** para reproducirse en aguas menos frías. La hembra, al desovar, puede poner unos 5 millones de huevos.

Cachalote

Tortuga boba

Cangrejo ermitaño

Pardela cenicienta

Gaviota argéntea

83

¿En qué es una experta la gaviota argéntea?

Esta gaviota es una experta voladora y, con sus **ACROBACIAS EN EL AIRE,** es capaz de robar el alimento a otras aves.

84

¿Cómo consigue romper las conchas?

Cuando la gaviota captura cangrejos o moluscos los deja **CAER DESDE GRAN ALTURA** sobre las rocas, para que se rompan y así comerse el interior.

Tiburón blanco

85

¿Cómo es el tiburón blanco?

Es uno de los **DEPREDADORES MÁS TEMIBLES** del planeta. Su enorme boca, de 70 cm de anchura, tiene dientes afilados con bordes aserrados que pueden medir 7,5 cm.

86

¿Cuál es su estrategia de caza?

Con su potente musculatura y su forma aerodinámica, realiza **ATAQUES CORTOS Y RÁPIDOS,** siempre por debajo de la presa.

87

¿Es el tiburón blanco un gran enemigo del ser humano?

No necesariamente. Los ataques del tiburón blanco a las personas se deben, generalmente, a que las **CONFUNDE CON** alguna de sus presas, como **LAS FOCAS.**

Pez volador

88

¿Hay algún pez que pueda «volar»?

Con su musculosa cola ahorquillada, el pez volador puede nadar a gran velocidad y **SALTAR FUERA DEL AGUA;** así consigue volar planeando hasta 200 m con sus largas aletas pectorales.

89

¿Cómo vive el pez volador?

Vive **CERCA DE LA SUPERFICIE.** Los huevos, redondeados y lisos, y las larvas son pelágicos, es decir, quedan flotando lejos de la costa formando parte del plancton. Planea a 60 km/h.

MAR CARIBE

PENÍNSULA DE FLORIDA

Tiburón ballena

Delfín

Pulpo del Caribe

Manatí

CUBA

Iguana azul

90

¿Manatíes o sirenas?

Los manatíes son animales mamíferos y amamantan a sus crías abrazándolas y sacando parte del cuerpo fuera del agua. Esto dio origen al **MITO DE LAS SIRENAS.**

ISLAS CAIMÁN

MÉXICO

Medusa

Raya jaspeada

JAMAICA

Manatí

MAR CARIBE

BELICE

GUATEMALA

Pez león

HONDURAS

Pez volador

91

¿Por qué se dice que el manatí es como un gran flotador?

La forma de globo de su cuerpo es, en parte, consecuencia de la cantidad de **GASES QUE ACUMULA** en su interior como producto de su dieta vegetariana, lo que compensa su pesado esqueleto y favorece la flotabilidad.

Mero estriado

Pez luna

Calamar

Pez abuela real del Caribe

Cangrejo rey del Caribe

Guacamayo

OCÉANO PACÍFICO

COSTA RICA

PANAMÁ

Pez cirujano azul

OCÉANO ATLÁNTICO

Ballena de Rice

BAHAMAS

OCÉANO ATLÁNTICO

AMÉRICA DEL NORTE

OCÉANO ATLÁNTICO

MAR CARIBE

OCÉANO PACÍFICO

AMÉRICA DEL SUR

Morena

Tiburón nodriza

Barracuda

Caballito de mar

REP. DOMINICANA

HAITÍ

Tiburón del arrecife del Caribe

PUERTO RICO

Chabelita tricolor

Serranus tortugarum

ANTILLAS MENORES

Tortuga carey

Morena

Cangrejo negro

COLOMBIA   VENEZUELA

92

¿A qué otro animal se parece la morena?

Su cuerpo alargado y la ausencia de aletas hace que se parezca a una **SERPIENTE.**

93

¿La morena es venenosa?

No posee veneno, pero con sus robustas mandíbulas y sus afilados dientes produce una **MORDEDURA MUY PELIGROSA,** al infectarse la herida con facilidad.

94

¿Cuándo caza la morena?

POR LA NOCHE, escondida en las oquedades de la roca, espera con la boca abierta a que se aproxime alguna presa.

95

¿Por qué es tan raro el pez luna?

El pez luna posee una **ALETA CAUDAL** muy **REDUCIDA,** por lo que parece que le falta parte del cuerpo.

96

¿Qué otras rarezas tiene?

Su piel gruesa y rugosa carece de escamas. Con su **BOCA DIMINUTA** y sus dientes soldados formando un **PICO** captura presas de pequeño tamaño.

Pez cirujano azul

97

¿Cómo es el pez cirujano azul?

Su **CUERPO,** de color azul intenso, está **MUY COMPRIMIDO** lateralmente, lo que le permite pegarse a las ramas del arrecife y mimetizarse frente a los depredadores.

98

¿Por qué se llama así al pez cirujano azul?

El pez cirujano se defiende de sus atacantes mediante un barrido lateral de su aleta caudal, armada con **ESPINAS AFILADAS** como bisturís.

Tiburón ballena

99

¿Cómo es el tiburón ballena?

Es el **PEZ MÁS GRANDE** del mundo y posee un esqueleto cartilaginoso.

100

¿Vive muchos años?

Sí, se calcula que puede vivir hasta los **100 AÑOS.**

101

¿Es un gran viajero?

Sí, realiza grandes **MIGRACIONES** de unos 4.000 km al año.

102

¿Cómo es la cabeza del tiburón ballena?

Posee una cabeza **ANCHA Y PLANA,** con una enorme boca por la que succiona gran cantidad de plancton. Las cinco filas de branquias le permiten filtrar el agua y retener así el alimento.

Mar del Norte

Frailecillo

103

¿Qué otro nombre recibe el frailecillo?

Se le llama también **«PAYASO DE MAR»,** por su ancho pico rojo, amarillo y azul.

104

¿Dónde anida?

En lo alto de los **ACANTILADOS,** la hembra nidifica bajo tierra: con el pico y las patas excava un agujero donde pone un solo huevo.

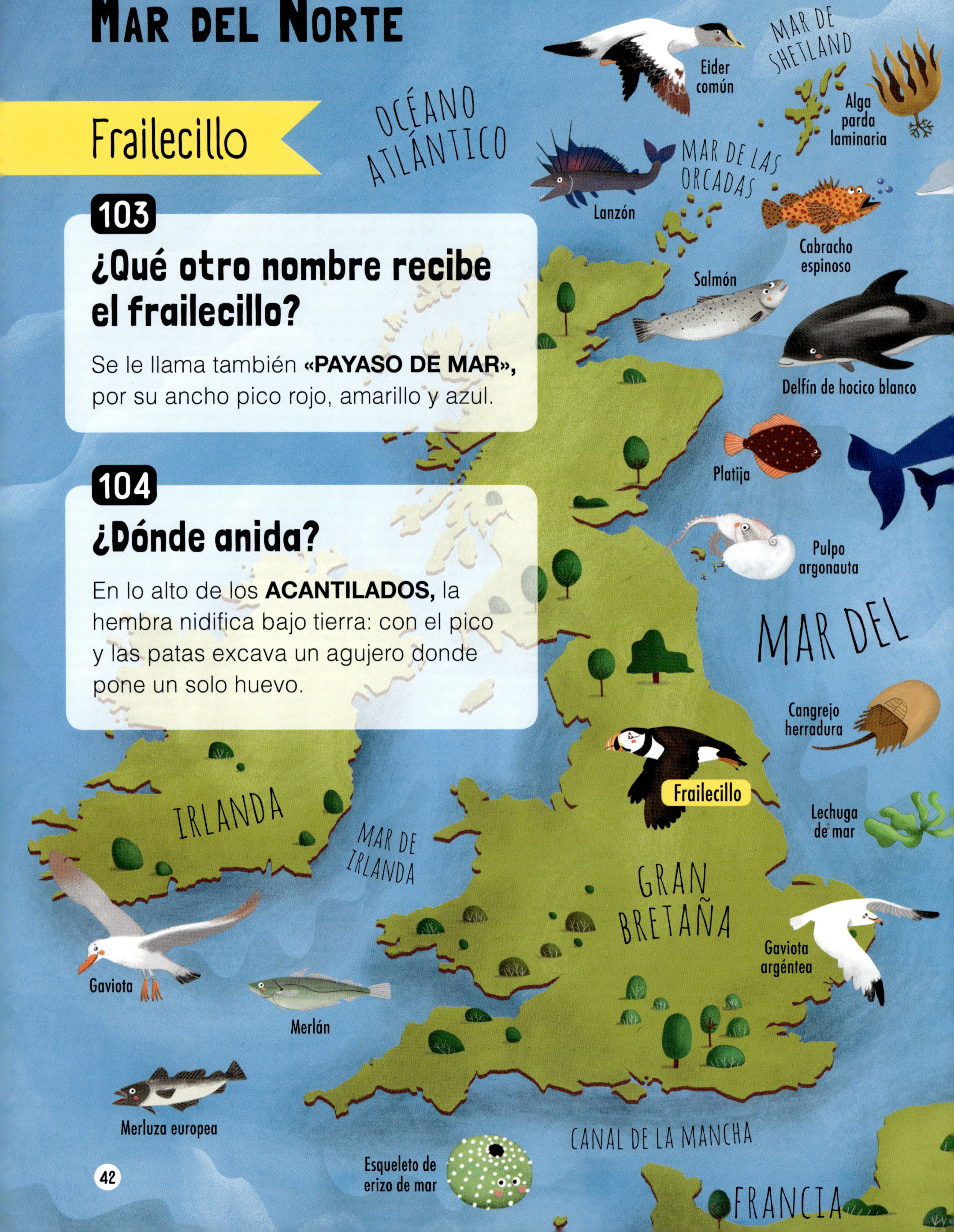

Eider común
MAR DE SHETLAND
Alga parda laminaria
OCÉANO ATLÁNTICO
Lanzón
MAR DE LAS ORCADAS
Cabracho espinoso
Salmón
Delfín de hocico blanco
Platija
Pulpo argonauta
MAR DEL
Cangrejo herradura
Frailecillo
Lechuga de mar
IRLANDA
MAR DE IRLANDA
GRAN BRETAÑA
Gaviota argéntea
Gaviota
Merlán
Merluza europea
CANAL DE LA MANCHA
Esqueleto de erizo de mar
FRANCIA

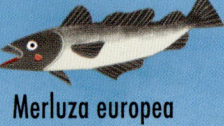

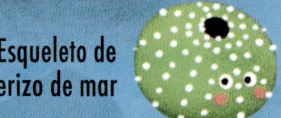

Foca de casco

Arao común

Delfín mular

Camarón

Ballena azul

Arenques

NORTE

DINAMARCA

SUECIA

MAR DEL NORTE

EUROPA

OCÉANO ATLÁNTICO

MAR BÁLTICO

Ballena franca glacial

Cormorán ceñudo

Foca común

Buey de mar

ISLAS FRISIAS

Alcatraz atlántico

Camarón

105

¿Para qué utiliza sus largas antenas el camarón?

Estas antenas son apéndices sensoriales que sobresalen de su cuerpo y su función principal es detectar cualquier **VIBRACIÓN DEL AGUA.**

Ballena azul

106

¿Qué récord tiene la ballena azul?

Gracias a sus 30 m de longitud y sus más de 100 toneladas de peso este mamífero es el **ANIMAL MÁS GRANDE** del mundo.

107

¿Es útil el cadáver de una ballena?

Sí, pues para muchas especies se convierte en una enorme **DESPENSA** que les proporciona alimento durante más de 10 años.

BÉLGICA

EUROPA

OCÉANO ATLÁNTICO SUR

Tiburón martillo

108

¿Cómo es el tiburón martillo?

Posee grandes dientes triangulares y aserrados. La posición de los ojos en los extremos de su **LARGA CABEZA** en forma de martillo –de ahí su nombre– le permite tener una increíble visión.

109

¿Este tiburón vive solo o en grupos?

Los grandes ejemplares son solitarios, pero **FORMAN GRUPOS** muy numerosos para realizar migraciones estacionales.

110

¿Cuáles son sus hábitos de cría?

LAS HEMBRAS LUCHAN con frecuencia antes del apareamiento. Paren de 6 a 42 crías.

Charrán sudamericano

Pardela cenicienta

AMÉRICA

Mantarraya gigante

Tintorera

Gaviota capuchina

TRINIDAD Y MARTÍN VAZ

Marsopa negra

OCÉANO

Lobo marino sudamericano

Tiburón martillo

Pingüino de penacho amarillo

Pulpo tehuelche

Cormorán gris

Elefante marino meridional

OCÉANO PACÍFICO

Cauquén cabeza gris

ISLAS MALVINAS

Centollón patagónico

Pingüino rey

ARCHIPIÉLAGO DE TIERRA DE FUEGO

PASAJE DE DRAKE

Kril

ÁFRICA

Rorcual común

GOLFO DE GUINEA

ECUADOR

Morena

ASCENSIÓN

Manatí de África occidental

Atún rojo

Águila marina moteada

SANTA ELENA

Pámpano listado

Tortuga boba

ATLÁNTICO

Tortuga laúd

Pez vela

Sardinas

Pingüino del Cabo

TRISTÁN DE ACUÑA

Tiburón peregrino

Alga lechuga de mar

Delfín meridional sin aleta

Tortuga verde

Alcatraz de El Cabo

OCÉANO ÍNDICO

Ballena austral

Ballena yubarta

OCÉANO ANTÁRTICO

Pez vela

111

¿Qué récord tiene el pez vela?

El pez vela es uno de los nadadores más rápidos del mundo marino, pues puede sobrepasar la velocidad de **100 KM/H.**

112

¿Qué técnicas de caza emplea?

Tiene una increíble técnica de caza: en grupos, rodean un banco de sardinas, contra el que se lanzan por turnos moviendo la cabeza a uno y otro lado para **GOLPEARLAS CON EL PICO** (prolongación de su mandíbula superior); al mismo tiempo, despliegan la aleta dorsal, consiguiendo así reunirlas de nuevo. Las sardinas, aturdidas, son capturadas con facilidad.

Ballena yubarta

113

¿Qué caracteriza a la ballena yubarta?

La ballena yubarta o jorobada presenta numerosos **BULTOS BLANCOS** alrededor de la boca y en las aletas. Las largas aletas pectorales pueden alcanzar los 6 m de longitud. Da grandes saltos fuera del agua.

114

¿Cómo pesca esta ballena?

Para concentrar el alimento, asciende en espiral hacia sus presas a la vez que expulsa el aire, creando un montón de burbujas; el banco de peces o el kril quedan atrapados en esta **RED DE BURBUJAS,** que la ballena ataca desde abajo.

Rorcual común

115

¿Es muy grande el rorcual común?

Sí, es el segundo vertebrado más grande después de la ballena azul. Puede superar las **70 TONELADAS.**

116

¿En qué otra cosa destaca?

Llega a alcanzar velocidades de 40 km/h, lo que lo convierte en la **BALLENA MÁS RÁPIDA.**

Kril

117

¿Qué es el kril?

Estos **PEQUEÑOS CRUSTÁCEOS** de unos 5 cm y una densidad de 30.000 individuos por m³ son claves en la alimentación de la fauna marina.

Tortuga laúd

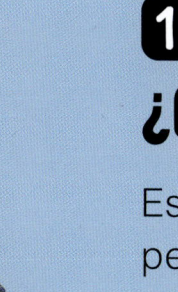

118

¿Cómo es la tortuga laúd?

Es la **ESPECIE MAYOR DE TORTUGA,** con un peso de 900 kg, y la única cuyo caparazón, sin placas córneas, no está soldado a la columna vertebral. Carece de uñas en las patas anteriores.

119

¿Cuándo sale del mar esta tortuga?

La hembra solo sale a tierra **PARA DESOVAR,** poniendo unos 100 huevos. Recorre más de 10.000 km al año.

OCÉANO PACÍFICO NORTE

Tiburón alfombra

120

¿Cómo se desplaza el tiburón alfombra?

Este tiburón vive y se mueve **A RAS DEL SUELO** marino. Pasa totalmente desapercibido gracias a su cuerpo plano y su color de camuflaje.

Foca manchada

MAR DE BERING

MAR DE OJOTSK

León marino de Steller

Gaviota de Saunders

Foca común

SAJALÍN

Ballena gris

HOKKAIDO

Pez cirujano convicto

Cangrejo gigante japonés

HONSHU

OCÉANO

ASIA

MAR DE LA CHINA ORIENTAL

Delfín rosado de Hong Kong

Tiburón vaca de hocico corto

Espátula menor

Pulpo manta

Caballito de mar pigmeo

TAIWÁN

Pez cofre amarillo

Tiburón alfombra

Fragata

ISLAS FILIPINAS

ISLAS MARIANAS

MICRONESIA

MAR DE CHINA MERIDIONAL

MAR DE FILIPINAS

MAR DE CÉLEBES

ECUADOR

BORNEO

Garceta cariblanca

Tiburón duende

SUMATRA

JAVA

MAR DE BANDA

NUEVA GUINEA

ISLAS SALOMÓN

Serpiente marina amarilla

MAR DE ARAFURA

MAR DE SALOMÓN

Pez coral

Pez payaso

MELANESIA

AUSTRALIA

Charrán común

Elefante marino del norte

Oso marino ártico

OCÉANO PACÍFICO NORTE

ASIA

AMÉRICA

OCEANÍA

OCÉANO PACÍFICO SUR

ANTÁRTIDA

OCÉANO ANTÁRTICO

AMÉRICA

Cachalote

GOLFO DE ALASKA

ALEUTIANAS

Cachalote

Ortiga del Pacífico

Medusa de cristal

Medusa de rayas moradas

Vaquita marina

PACÍFICO

Suño cornudo

Pez espada

AMÉRICA

Anémona hawaiana

Caballito de mar

ISLAS HAWÁI

Alcatraz patiazul

Marsopa sin aleta

GOLFO DE CALIFORNIA

Tiburón boquiancho

Tortuga laúd

POLINESIA

121

¿Cómo es el cachalote?

Posee una **ENORME CABEZA CUADRADA** y una mandíbula inferior reducida, con entre 40 y 52 dientes de 1 kg de peso cada uno. En la cabeza acumula un aceite, el **ESPERMACETI,** con el que parece regular la flotabilidad y orientarse.

122

¿Cuál es el principal manjar del cachalote?

Con sus 50 toneladas de peso, el cachalote se sumerge hasta 3.000 m de profundidad, durante más de una hora, para buscar 500 kg de su alimento preferido: el **CALAMAR GIGANTE.**

123

¿Es muy prolífico?

Al contrario, solo se reproduce **CADA 3-6 AÑOS** con una única cría.

Pez espada

124

¿Qué tienen en común el pez espada y la barracuda?

Los dos tienen armas afiladas y son fuertes **BATALLADORES.**

125

¿Cómo se defiende el pez espada?

Con la prolongación plana y afilada de la mandíbula superior, a la que debe su nombre, **ENSARTA A SUS VÍCTIMAS** antes de devorarlas.

126

¿Cómo ataca?

Suele atacar **A GRAN VELOCIDAD** los bancos de peces, consiguiendo aturdir o matar a algunos de ellos con su «sable». Curiosamente, no tiene dientes.

127

¿Es un animal sociable?

No lo es. El pez espada **NADA EN SOLITARIO** y, a menudo, cerca de la superficie, asomando su aleta dorsal. Puede descender hasta los 800 m de profundidad en busca de calamares.

128

¿Es un animal rápido?

Gracias a la forma de su aleta caudal, alcanza velocidades de **HASTA 100 KM/H.** Con su robusta cola es capaz de dar grandes saltos en el aire.

Fragata

129

¿Qué caracteriza a la fragata?

Su **COLOR NEGRO** contrasta con la **BOLSA ROJA** que posee en la garganta, que hincha durante el cortejo a la hembra. Con su pico ganchudo, suele robar en vuelo los peces capturados por otras aves.

130

¿De qué especie se la considera el peor enemigo?

De la **TORTUGA LAÚD.** Cuando los huevos de esta tortuga eclosionan bajo la arena de la playa, las crías deben correr hacia el mar rápidamente para evitar ser capturadas.

Tiburón duende

131

¿Cómo es la cabeza del tiburón duende?

Tiene una prolongación a modo de **CUCHILLA EN EL HOCICO** que parece desempeñar un gran papel en la localización del alimento. Posee mandíbulas muy especializadas, que proyecta rápidamente hacia delante cuando ataca a sus presas.

MAR DE BERING

Pulpo gigante

132

¿Tiene esqueleto óseo el pulpo gigante?

Este enorme pulpo, habitante del Pacífico, es un molusco, por lo que no tiene esqueleto interno que lo sostenga. Posee un **CUERPO BLANDO,** pero musculoso, que llega a pesar 250 kg.

133

¿Cómo se camufla?

Tiene una gran capacidad para **CAMBIAR DE COLOR** camuflándose sobre el fondo.

ASIA

SIBERIA (RUSIA)

CHUKOTKA

MAR DE CHUKOTKA

Husky siberiano

GOLFO DE ANÁDYR

Foca listada

Caracol Neptunea

Patata de mar

Gran tiburón blanco

Naranja de mar

Salmón real

MAR DE OJOTSK

KAMCHATKA

Nutria marina

ISLAS DEL COMANDANTE

Orca blanca

Anémona

MAR DE

Cangrejo ermitaño

Medusa *Chrysaora melanaster*

Ballena franca del Pacífico Norte

Zostera marina

Pulpo «adorable»

Anguila lobo

OCÉANO ÁRTICO

ESTRECHO DE BERING

SAN LORENZO

OCÉANO ÁRTICO

ASIA

AMÉRICA

MAR DE BERING

OCÉANO PACÍFICO

SEWARD

AMÉRICA

Cangrejo rojo gigante

Marsopa de Dall

Mérgulo bigotudo

ALASKA (EE. UU.)

Gaviota tridáctila

Morsa del Pacífico

134

¿Cuánto vive?

Llega a vivir **5 AÑOS,** lo que es un récord entre los pulpos.

Ballena boreal

CAPA DE HIELO

GOLFO DE ALASKA

Estrella girasol

Pulpo gigante

KODIAK

Beluga

Bacalao del Pacífico

Cachalote

BERING

ISLAS ALEUTIANAS

Lechuga de mar

Estrella cesta

Gallineta del Pacífico

Tiburón peregrino

135

¿Es inteligente?

Se ha demostrado que es el invertebrado más inteligente que se conoce, con una gran **CAPACIDAD DE APRENDIZAJE.**

OCÉANO PACÍFICO

Mar de China Meridional

Garceta china

Serpiente marina

136

¿Es muy peligrosa la serpiente marina?

Aunque posee un potente veneno, sus pequeños dientes y su **BAJA AGRESIVIDAD** la hacen poco peligrosa para las personas.

137

¿Cuánto tiempo puede estar bajo el agua?

Puede permanecer **UNOS TRES MINUTOS** sumergida, antes de salir a respirar.

138

¿Con qué otra especie se puede confundir?

Con la **ANGUILA ARLEQUÍN,** un pez inofensivo capaz de engañar a sus muchos depredadores gracias a que la forma y los colores y dibujos de su cuerpo imitan los de la serpiente marina.

HAINAN

TAILANDIA

GOLFO DE TAILANDIA

Albatros errante

Avispa de mar

CAMBOYA

VIETNAM

Almeja gigante

Tiburón mako

Piquero pardo

Serpiente marina

Alga Gracilaria

Tortuga verde

Delfín girador

Rorcual de Omura

Esponja barril

Pez sapo peludo

MALASIA

Gusano calamar

SINGAPUR

Dugongo

54

OCÉANO PACÍFICO

ASIA

MAR DE CHINA MERIDIONAL

OCÉANO ÍNDICO

OCEANÍA

Pez víbora

Ballena azul

TAIWÁN

OCÉANO PACÍFICO

Pelícano oriental

Pez víbora

Pez globo espinoso

Medusa gigante

Pez mariposa amarillo

MAR DE CHINA MERIDIONAL

Pez mariposa *Chaetodon meyeri*

Tortuga carey

Pez cirujano de puntos blancos

Langosta mantis

Caballito *Hippocampus barbouri*

Pulpo dumbo

ISLAS SPRATLY

PALAWAN

GOLFO DE JOLÓ

FILIPINAS

MAR DE FILIPINAS

MINDANAO

Ballena jorobada

MAR DE CÉLEBES

Tiburón nodriza leonado

Barracuda

GOLFO DE MOLUCAS

INDONESIA

Pez víbora

139 ¿Cómo es el cuerpo del pez víbora?

Su **DELGADO** cuerpo tiene, en los laterales y el vientre, **HILERAS DE FOTÓFOROS.** El primer radio de su aleta dorsal es muy largo y lo usa como cebo para atraer a las presas.

140 ¿Y cómo es su cabeza?

Su cabeza es **ENORME,** como su boca, con largos y afilados dientes orientados hacia dentro, que impiden que la presa escape una vez capturada.

OCÉANO PACÍFICO SUR

OCÉANO

ISLAS HAWÁI

MICRONESIA

Cangrejo yeti

ISLAS MARIANAS

Petrel de las Juan Fernández

ISLAS MARSHALL

Pez con colmillos largos

KIRIBATI

Calamar vampiro

ISLAS CAROLINAS

Pelícano australiano

ISLAS SALOMÓN

Anémona y pez payaso

141

¿Qué caracteriza al cangrejo yeti?

Este cangrejo **CARECE DE OJOS** y vive a más de 2.000 m de profundidad en torno a los manantiales hidrotermales.

OCÉANO ÍNDICO

MAR DEL CORAL

MAR DE SALOMÓN

ISLAS FIYI

SAMOA

TONGA

MELANESIA

Alga Gracilaria

Pez con manos

AUSTRALIA

Araña Bob Marley

Peces mariposa

León marino de Nueva Zelanda

GRAN BAHÍA AUSTRALIANA

Cormorán grande

MAR DE TASMANIA

Ribahorcado chico

Argonauta argo

NUEVA ZELANDA

Ranisapo de Commerson

Dragón de mar

TASMANIA

142

¿Por qué se llama así?

Su nombre se debe al **CUERPO DE COLOR BLANCO** y a las abundantes **SEDAS** que recubren sus patas, que recuerdan al yeti o abominable hombre de las nieves, un ser mítico del Tíbet.

Tiburón duende

Esponja vítrea

Tiburón anguila

Pulpo de siete brazos

PACÍFICO

POLINESIA

Pez león

OCÉANO PACÍFICO NORTE

OCEANÍA

OCÉANO ÍNDICO

OCÉANO PACÍFICO SUR

ANTÁRTIDA

OCÉANO ANTÁRTICO

Caballito barrigudo

Lobo marino

Iguana marina

ISLAS GALÁPAGOS

ECUADOR

AMÉRICA

Albatros de Salvin

143

¿Cómo son los lobos marinos?

Los machos, con una **DENSA MELENA,** son tres veces más grandes que las hembras. Llegan a pesar 200 kg.

Pez vela del Pacífico

Potoyunco peruano

Lobo marino

ISLAS GAMBIER

ISLA DE PASCUA

Mero de roca

Gato de mar

ISLAS AUSTRALES

Delfín oscuro

Pulpo de rayas azules

Cangrejo yeti

Pez *Arothon meleagris*

Tortuga plana

Tortuga carey

Pingüino de Magallanes

144

¿Por qué emigran?

Esta especie pasa el invierno en el mar y **VUELVE A TIERRA** en la primavera austral, de noviembre a enero, **PARA REPRODUCIRSE.** Para tener sus crías, la hembra busca terrenos sin nieve.

145

¿Cuántas hembras tiene cada macho?

El lobo marino macho puede tener **HASTA 30 HEMBRAS.** Para llamar a su madre las crías emiten ladridos como los de un perro.

Iguana marina

146
¿De qué se alimenta la iguana marina?

La iguana marina vive a la orilla del mar y es el único reptil del mundo con una **DIETA HERBÍVORA** exclusivamente marina. Las fuertes garras, su potente mandíbula y un hocico romo le permiten alimentarse sobre las rocas bajo el fuerte oleaje.

147
¿Cómo mantiene la temperatura siendo un animal de sangre fría?

Por el día **TOMA EL SOL** y por la noche duerme junto a otros miembros de su especie para mantener el calor corporal. Cuando se sumerge en el mar reduce mucho su actividad para minimizar las pérdidas de calor.

Tiburón anguila

148
¿Cómo es el tiburón anguila?

El **LARGO Y FINO CUERPO** de esta especie contrasta con su enorme boca, con 330 dientes (cada uno con tres puntas), situada en el extremo delantero de su aplanada cabeza. Es una criatura **MUY VORAZ,** aunque nada con lentitud.

Calamar vampiro

149

¿Qué aspecto tiene el calamar vampiro?

Presenta características tanto de un calamar como de un **PULPO,** por lo que se le considera el antepasado común de ambos grupos.

Pez mariposa

150

¿Cómo se protege el pez mariposa?

El pez mariposa posee una **MANCHA** que simula un **OJO** cerca de la cola, mientras que el ojo real está camuflado bajo una franja oscura, lo que confunde a los depredadores.

151

¿Está en peligro?

Sí, la belleza de esta especie hace que sea muy demandada para los **ACUARIOS,** lo que provoca su excesiva captura.

OCÉANO ÍNDICO

GOLFO PÉRSICO

GOLFO DE OMÁN

PENÍNSULA ARÁBICA

MAR ROJO

Pelícano rosado

MAR DE ARABIA

Camarón boxeador

Pez vaca

Nautilo

GOLFO DE ADÉN

SOCOTRA

Cormorán

Tiburón ballena

ISLAS MALDIVAS

Mantarraya

Langosta mantis

ISLAS SEYCHELLES

Rana *Sechellophryne gardineri*

Calderón tropical

152

¿A qué se parece el nautilo?

Este molusco se asemeja a un **SUBMARINO.** Su blando cuerpo está protegido por una concha, dividida por tabiques en varias cámaras conectadas por un orificio, hacia donde el nautilo bombea gas o agua si quiere emerger o hundirse, como hace un submarino.

Molusco *Lambis crocata*

OCÉANO

Priacanthus

MADAGASCAR

Dugongo

Alcatraz enmascarado

Dromas

Gamba arlequín

Fodi rojo

REUNIÓN

ISLAS MAURICIO

Peces payaso

ÁFRICA

CANAL DE MOZAMBIQUE

153

¿Por qué es un cefalópodo diferente?

Albatros de cabeza gris

Pez cirujano de barras negras

Tiburón sierra de seis branquias

Celacanto de Comores

El nautilo es el único cefalópodo (pulpos, calamares...) que posee una **CONCHA EXTERNA** que lo protege de sus depredadores. La boca está rodeada por 90 tentáculos retráctiles.

ASIA

ASIA

ÁFRICA

OCÉANO PACÍFICO

OCÉANO ATLÁNTICO

OCÉANO ÍNDICO

OCEANÍA

ANTÁRTIDA

OCÉANO ANTÁRTICO

Cocodrilo marino

PENÍNSULA DE INDOCHINA

OCÉANO PACÍFICO

GOLFO DE BENGALA

ANDAMÁN Y NICOBAR

Serpiente de mar
Laticuda laticaudata

SRI LANKA

Cauri

154

¿Cómo se desplaza?

Para nadar **ASPIRA AGUA** y la expulsa con fuerza por un tubo, el sifón, que orienta en cualquier dirección (propulsión a chorro). Es un animal nocturno.

PENÍNSULA DE MALACA

Pez ballesta Picasso

Avispa de mar

BORNEO

CÉLEBES

Tortuga golfina

SUMATRA

MAR DE JAVA

Cardenal de Banggai

ÍNDICO

Nautilo

Serpiente de mar
Laticauda colubrina

JAVA

MAR DE TIMOR

Pez cirujano de puntos blancos

Delfín acróbata

ISLAS COCOS

ISLA DE NAVIDAD

Alcatraz de Abbott

Pez sierra

Calamar colosal

Coral *Galaxea*

Coral *Ctenella chagius*

Piquero pardo

AUSTRALIA

155

¿Sigue habiendo nautilos?

Este extraño y **PRIMITIVO MOLUSCO** fue muy abundante hace entre 400 y 65 millones de años, y aún se encuentra entre nosotros.

Lobo marino australiano

León marino australiano

GRAN BAHÍA AUSTRALIANA

Tortuga carey

156

¿Qué tienen en común el cocodrilo marino y la iguana marina?

Los dos son reptiles de **ASPECTO PREHISTÓRICO** con hábitos marinos y que viven a la **ORILLA DEL MAR.** Ambos son animales de sangre fría.

157

¿Cómo es y cómo vive el cocodrilo marino?

Puede renovar sus dientes hasta 40 veces a lo largo de su vida. La piel está recubierta de **GRUESAS ESCAMAS.** Caza al acecho, incluso salta fuera del agua sobre su presa. La hembra pone más de **50 HUEVOS** en tierra, cerca de la orilla.

158

¿De qué se alimenta?

Este enorme reptil de hasta 7 m de longitud come **CUALQUIER PRESA,** también personas.

159

¿A qué velocidad nada?

La potente cola de este cocodrilo le permite alcanzar una velocidad de **40 KM/H** cuando nada.

Cormorán

160

¿Dónde anida el cormorán?

Anida en colonias sobre **COSTAS ESCARPADAS** y árboles, que acaban muriendo debido a sus excrementos.

161

¿En qué destaca?

El cormorán es un **HÁBIL BUCEADOR** persiguiendo a sus presas, los peces.

162

¿Cómo caza el cormorán?

SE SUMERGE impulsándose con las patas y las alas. Después de cada inmersión sus plumas se empapan y le impiden volar, por lo que extiende las alas en dirección al viento hasta que se secan.

Piquero pardo

163

¿Qué características tiene el piquero pardo?

Su **PLUMAJE MARRÓN** contrasta con el blanco de su vientre, pecho y pico. La hembra pone **DOS HUEVOS** en un nido sobre el suelo.

164

¿Cómo pesca?

Es un ágil volador. Cuando localiza alimento bajo el agua pliega las alas hacia atrás y **SE LANZA EN PICADO** desde 30 m de altura sobre sus presas. A veces, sobrevuela el agua para capturar peces voladores.

Pez payaso

165

¿Cuál es la estrategia del pez payaso?

El llamativo pez payaso se protege del enemigo nadando entre los tentáculos urticantes de las **ANÉMONAS.**

166

¿Cómo puede vivir entre anémonas urticantes?

La **MUCOSIDAD** que recubre su cuerpo **EVITA EL ATAQUE** de las anémonas. Cada anémona alberga a una pareja y sus crías; a cambio, los peces la mantienen limpia. Si en el grupo familiar la hembra muere, el macho cambia de sexo y la cría mayor desempeña el papel del macho.

Dugongo

167

¿Cómo vive el dugongo?

Este curioso animal busca alimento **REMOVIENDO LOS SEDIMENTOS** del fondo marino con su labio superior en forma de U. Cuando se alimenta forma numerosos grupos de hasta 100 individuos. Su aleta en forma de media luna le permite nadar con rapidez.

168

¿Cuáles son sus hábitos de cría?

La hembra pare **UNA CRÍA** tras un año de gestación. Forman grupos en la época reproductora.

169

¿Cuál es su principal enemigo?

Es presa común de los **TIBURONES**, aunque si se libra puede vivir más de 50 años.

MAR DE ARABIA

IRÁN

GOLFO PÉRSICO

GOLFO DE OMÁN

OMÁN

Carabela portuguesa

170

¿La carabela portuguesa es un animal?

En realidad no es un individuo sino una **COLONIA DE PÓLIPOS,** pequeños organismos con forma de saco.

171

¿Cómo se defiende?

Posee unos **TENTÁCULOS** con peligrosas células urticantes. Sin embargo, hay peces que se protegen de los depredadores viviendo entre estos tentáculos, pues toleran su potente veneno.

MAR ROJO

Tortuga verde

Mantarraya

Cormorán de Socotora

SOCOTORA

YEMEN

Pez unicornio de nariz corta

GOLFO DE ADÉN

Gaviota picofina

Delfín mular

Barracuda

SOMALIA

Calderón gris

172

¿Son voraces las barracudas?

Con su gran aleta caudal y su aspecto alargado e hidrodinámico, la barracuda es **UNO DE LOS PECES MÁS VORACES** que existen.

Orca

Caballito de mar
Hippocampus jayakari

Estrella de mar *Fromia indica*

Camarón de anémonas

Tortuga carey

Musola arábica

PAQUISTÁN

ASIA

ASIA

MAR DE ARABIA

ÁFRICA

OCÉANO INDICO

INDIA

Sepia faraón

Coral *Acropora monticulosa*

Pez luna

173

¿Viven solas o en grupo?

Los adultos son solitarios, pero los jóvenes forman **GRANDES BANCOS** nadando en círculo.

Tortuga laúd

Pez ángel emperador

Pez aguja oriental

Pez cirujano azul cielo

Hydrilla verticillata

174

¿Qué la hace tan temible?

Sus **DIENTES AFILADOS** como cuchillas, unidos a la potencia muscular, hacen imposible que sus presas escapen de sus ataques.

Rorcual tropical

Ballena jorobada

Coral *Dendrogyra cylindrus*

Cangrejo ermitaño *Diogenes*

Perla

MAR DE ARABIA

Ballena azul

Carabela portuguesa

Dugongo

Barracuda

Tiburón martillo

Cachalote enano

Delfín manchado tropical

Tiburón tigre

67

OCÉANO ÁRTICO

CÍRCULO POLAR ÁRTICO

ASIA

Foca barbuda

Charrán ártico

Charrán ártico

175

¿Cómo pesca el charrán ártico?

Es un hábil pescador que se precipita al agua **EN PICADO** sobre pequeños peces.

MAR DE LÁPTEV

TIERRA DEL NORTE

Medusa melena de león ártica

MAR SIBERIANO DEL ESTE

ISLAS NUEVA SIBERIA

Cachalote

176

¿De qué color tiene el pico?

En la época reproductora es de color **ROJO,** mientras que en invierno es **NEGRO.**

ISLA DE WRANGEL

OCÉANO

Narval

MAR DE CHUKOTKA

Beluga

Plancton

177

¿Qué distancia recorre a lo largo de toda su vida?

El equivalente a **TRES VIAJES** de ida y vuelta **A LA LUNA.**

MAR DE BEAUFORT

ARCHIPIÉLAGO CANADIENSE

Caribú

Págalo rabero

Buey almizclero

OCÉANO PACÍFICO

AMÉRICA

CANADÁ

RUSIA

ASIA

EUROPA

OCÉANO PACÍFICO

OCÉANO ÁRTICO

AMÉRICA

OCÉANO ATLÁNTICO

EUROPA

Morsa

Lemming

MAR DE KARA

MAR DE BARENTS

Erizo de mar

NUEVA ZEMBLA

Bacalao

Cangrejo rojo gigante

TIERRA DE FRANCISCO JOSÉ

Perdiz nival

ÁRTICO

Orca

Polo Norte

SVALBARD

MAR DE NORUEGA

Tiburón de Groenlandia

MAR DE GROENLANDIA

Ballena de Groenlandia

Zorro ártico

Oso polar

GROENLANDIA

Reno

BAHÍA DE BAFFIN

Liebre ártica

Lobo ártico

ISLA DE BAFFIN

Arao de Brünnich

Búho nival

FINLANDIA

MAR BÁLTICO

NORUEGA

SUECIA

Alce

Orca

178

¿Cómo es la orca?

Es el miembro mayor de la familia de los delfines. Su cuerpo, con **MANCHAS BLANCAS Y NEGRAS,** presenta una enorme aleta dorsal de 1,8 m de alto. Este depredador posee una boca armada con numerosos dientes de 5 cm de largo.

179

¿Por qué es tan temida?

La orca ha desarrollado increíbles comportamientos para capturar a sus presas: con su gran peso es capaz de **VOLCAR TÉMPANOS** de hielo o lanzarse fuera del agua para atrapar a las focas que descansan en la orilla.

OCÉANO ATLÁNTICO

180

¿Por qué es tan extraña la beluga?

Por su **COLOR BLANCO** y por carecer de aleta dorsal, además de por su lenta forma de nadar.

181

¿Es siempre blanca?

LA CRÍA ES GRIS y tarda unos diez años en adquirir el color blanquecino del adulto.

182

¿Sabe cantar?

Se comunica mediante gestos y emitiendo una gran variedad de sonidos; de ahí que se la conozca como **«CANARIO DE MAR».**

183

¿Para qué le sirve el bulto de la cabeza?

Posee un abultamiento en la cabeza que actúa como **ÓRGANO SENSORIAL** y le permite orientarse bajo el agua (ecolocalización).

Narval

184

¿Cómo es el colmillo del narval?

El macho posee un **DIENTE SUPERIOR** muy desarrollado, de 3 m, con una posible función sensorial.

185

¿Cuáles son sus costumbres?

El narval **VIVE EN GRUPOS** de unos 7 individuos. Puede descender a 1.000 m de profundidad.

186

¿Y quiénes son sus principales enemigos?

Sus depredadores son las **ORCAS** y los **OSOS POLARES**.

Erizo de mar

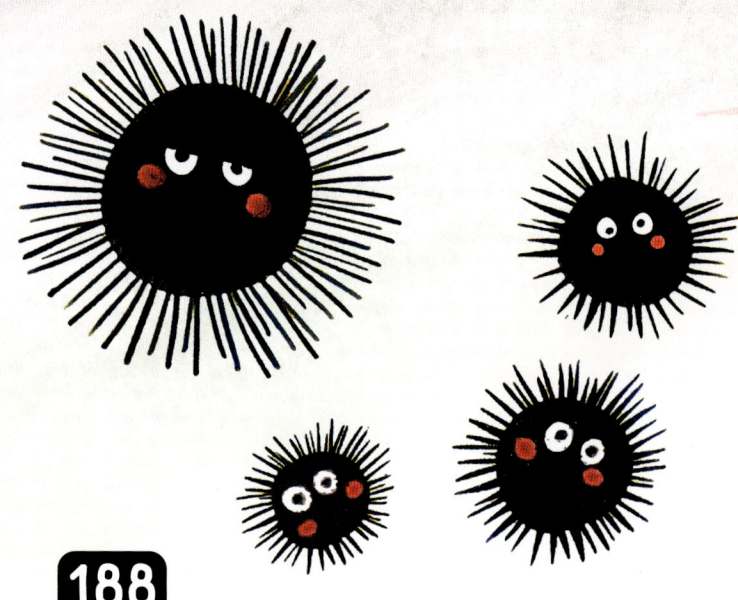

187
¿Cómo es el erizo de mar?

Su cuerpo es **ESFÉRICO,** con la boca situada en la parte inferior y el ano en la superior. Rozando la roca con sus espinas y dientes, excava un agujero para protegerse de las corrientes.

188
¿Cómo se protege?

Para protegerse, el erizo de mar ha desarrollado un **DURO ESQUELETO EXTERNO** (caparazón) recubierto de púas macizas.

Morsa

189
¿Cómo viven las morsas?

Las morsas viven **EN GRUPOS,** en los que se pueden contar 100 y, a veces, hasta 1.000 individuos, entre los cuales son frecuentes las luchas.

190
¿Cómo soportan las bajas temperaturas?

Bajo su piel rugosa, con profundos pliegues, la morsa tiene una espesa **CAPA DE GRASA** que la aísla del frío. Con un peso que alcanza los 2.000 kg, tiene pocos depredadores.

Oso polar

191

¿Dónde vive el oso polar?

Pasa la mayor parte del año recorriendo las **ENORMES PLACAS DE HIELO** que flotan a la deriva en el Ártico (banquisa) en busca de su alimento preferido, la foca barbuda. Sus enormes zarpas de 30 cm de ancho presentan pelos en la planta, que actúan como aislante y antideslizante.

192

¿Cómo encuentra sus presas?

Su **FINO OÍDO Y OLFATO** le permiten oír a los animales que están a 1 m bajo el hielo y oler la carroña a 5 km de distancia.

193

¿Es un buen nadador?

Es el único oso que se sumerge en el mar y es un **GRAN NADADOR.** Su gran capacidad para flotar le permite nadar durante horas.

OCÉANO ANTÁRTICO

Delfín cruzado

Ballena jorobada

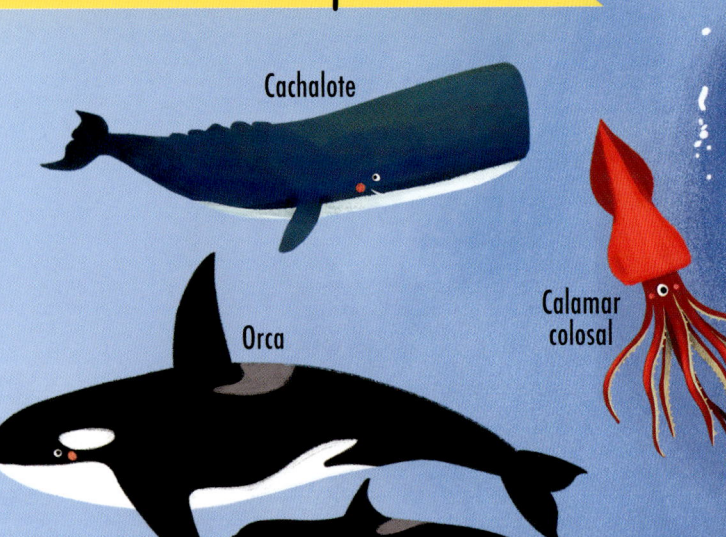

Cachalote

Calamar colosal

Orca

MAR DE WEDDELL

Foca de Weddell

Gaviota

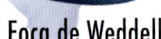

Macizo Vinson

MAR DE BELLINGHAUSEN

Perla antártica

Bacalao antártico

Kril

Medusa peine

Foca de Ross

194

¿Por qué se llama así la foca leopardo?

Su nombre se debe a las **MANCHAS OSCURAS** en la piel y a su agresividad.

MAR DE AMUNDSEN

Foca leopardo

MAR DE ROSS

Merluza negra

195

¿Cómo nada?

A diferencia de otras focas, se impulsa con sus **LARGAS ALETAS** anteriores.

Ballena franca glacial

OCÉANO ANTÁRTICO

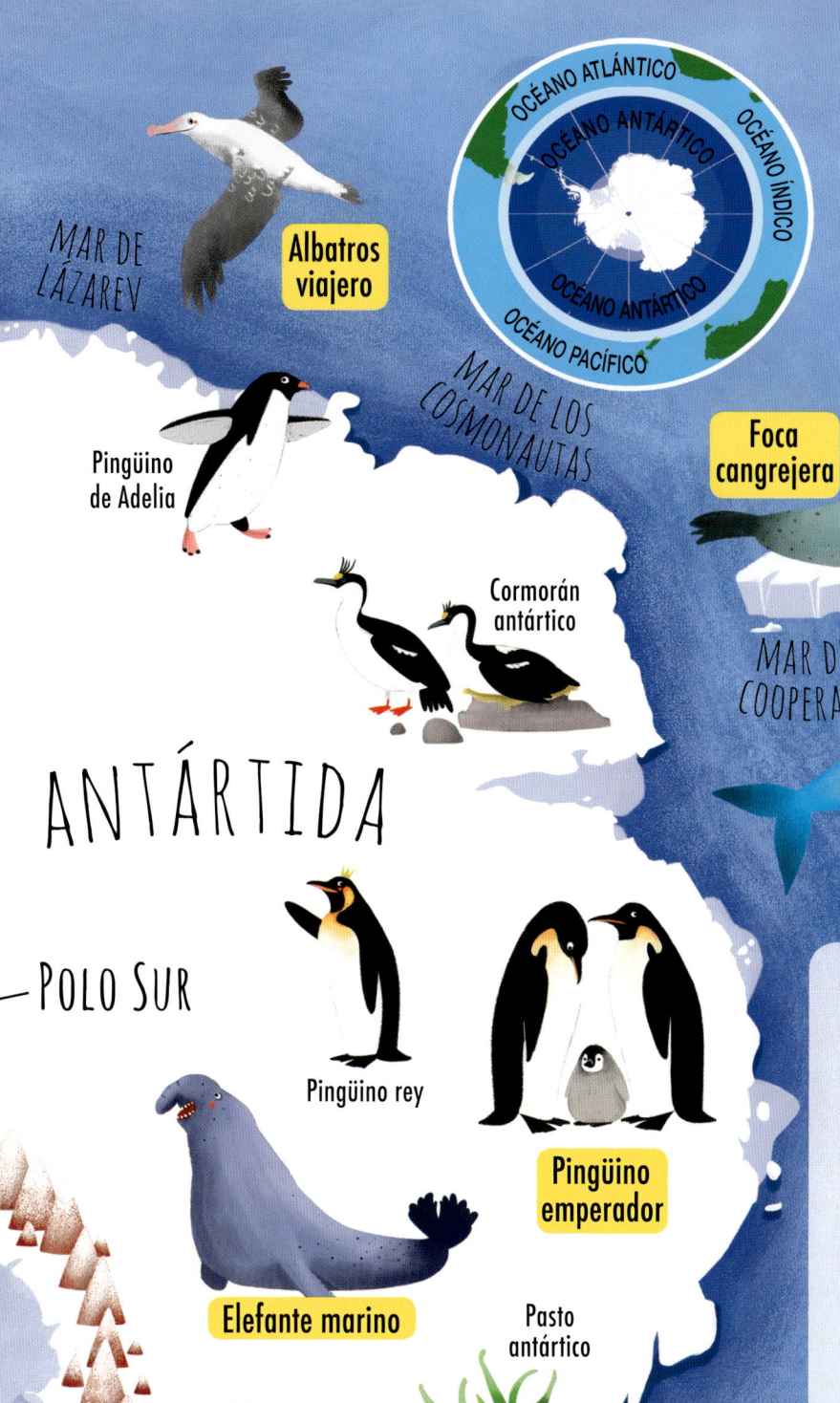

OCÉANO ATLÁNTICO
OCÉANO ANTÁRTICO
OCÉANO ÍNDICO
OCÉANO ANTÁRTICO
OCÉANO PACÍFICO

MAR DE LÁZAREV

Albatros viajero

MAR DE LOS COSMONAUTAS

Pingüino de Adelia

Cormorán antártico

ANTÁRTIDA

— Polo Sur

Pingüino rey

Pingüino emperador

Elefante marino

Pasto antártico

Cordillera Transantártica

Foca cangrejera

MAR DE LA COOPERACIÓN

Araña de mar

Ballena azul

Estrella de mar
Labidiaster annulatus

MAR DE MAWSON

Elefante marino

196
¿De dónde le viene el nombre de «elefante»?

El macho tiene una **TROMPA** corta, inflable, con la que emite fuertes rugidos durante el apareamiento.

197
¿Qué récord tiene esta foca?

Es la **MAYOR FOCA DEL PLANETA.** El macho, con sus 4 toneladas, pesa cuatro veces más que la hembra.

198
¿Hasta dónde puede bucear?

Busca sus presas a **1.500 M** de profundidad. Resiste cerca de dos horas sumergido.

199

¿Por qué se llama «emperador» a este pingüino?

Porque es el de **MAYOR TAMAÑO.** Es capaz de sumergirse hasta 500 m de profundidad para alimentarse y puede estar 20 minutos sin respirar.

200

¿Cómo cría?

Este pingüino es el único que cría **EN INVIERNO** en la Antártida. Se reúne formando grupos para poder soportar temperaturas de 60 °C bajo cero y vientos de 150 km/h.

201

¿Quién incuba el huevo?

El pingüino emperador **MACHO** incuba un único huevo durante dos meses, sin alimentarse. La hembra lo releva cuando sale la cría del cascarón.

202

¿Quién es su principal enemigo?

La ágil **FOCA LEOPARDO.** Captura a los pingüinos con sus potentes mandíbulas de afilados dientes y los sacude para arrancarles las plumas y la piel.

Albatros viajero

203
¿Qué aspecto tiene el albatros viajero?

Las plumas negras de las puntas y bordes de las alas destacan sobre el plumaje blanco del cuerpo. Tiene **3,5 M DE ENVERGADURA.**

204
¿Dónde vive?

Vive en **MAR ABIERTO** y solo se aproxima a tierra para criar. Tiene la increíble capacidad de planear durante largos periodos de tiempo.

Foca cangrejera

205
¿Qué caracteriza a la foca cangrejera?

Tiene el **PELAJE GRIS,** con las aletas más oscuras. Es la especie de foca más abundante. Muy ágil en tierra, puede alejarse muchos kilómetros de la costa.

206
¿Cómo se reproduce?

La hembra tiene **SOLO UNA CRÍA.** Durante el cortejo de apareamiento, los machos luchan y llegan a provocarse graves heridas.

MAR MEDITERRÁNEO

EUROPA

FRANCIA

ITALIA

ESPAÑA

Galera

Dragón azul

Pardela balear

Galera

Pulpo

Cigala

Aguamar

CÓRCEGA

Delfín mular

MAR TIRRENO

Coral rojo

CERDEÑA

Medusa inmortal

Vieira del Mediterráneo

ISLAS BALEARES

Medusa huevo frito

Erizo de mar

Flamenco

Tortuga boba

Cazón

Pez zorro blanco

Zostera marina

Gaviota de Audouin

SICILIA

Pulpón

TÚNEZ

MAR...

207

¿Cómo vive la galera?

EXCAVA GALERÍAS en forma de U en el sedimento donde habita. La hembra pone más de 50.000 huevos, que transporta bajo la cabeza, entre las patas, y no se alimenta durante su incubación.

208

¿Cómo son sus ojos?

Son los más **PERFECTOS** entre los crustáceos, lo que le permite capturar sus presas con gran éxito.

209

¿Por qué la galera se llama *mantis* en latín?

Por el parecido de sus patas con las de la **MANTIS RELIGIOSA,** un insecto que devora al macho tras el apareamiento.

OCÉANO ATLÁNTICO

EUROPA

MAR MEDITERRÁNEO

ÁFRICA

Gaviota cabecinegra

Cangrejo araña fantasma

MAR ADRIÁTICO

MONTENEGRO

ALBANIA

GRECIA

ISLAS JÓNICAS

MAR JÓNICO

Paíño europeo

MAR EGEO

Foca monje

Langosta

MEDITERRÁNEO

CÍCLADAS

CRETA

RODAS

Mielga

CHIPRE

Tintorera

Caballito de mar

Cerdo marino

Tortuga carey

Seba

Angelote

Rape abisal

Rorcual

TURQUÍA

Caballito de mar

210 ¿Cómo vive el caballito de mar?

Vive entre las algas, a las que se sujeta con su **COLA PRENSIL.** Nada en posición vertical y es capaz de mover los ojos de forma independiente.

211 ¿Cómo se reproduce?

La hembra deposita los huevos en una bolsa que tiene el **MACHO** en el vientre. Este se encarga de **INCUBARLOS** durante 4 o 5 semanas, hasta que las crías echan a nadar totalmente desarrolladas.

ÁFRICA

MAR NEGRO

Rodaballo

212

¿Cómo es la piel del rodaballo?

La piel del rodaballo puede pasar de un color homogéneo a uno no uniforme, formado por pequeños **PUNTOS DISPERSOS**, de modo que se confunde perfectamente con el fondo marino.

213

¿Para qué utiliza esta habilidad?

Para **NO SER VISTO** por sus depredadores.

Gaviota picofina

EUROPA

Phyllophora

Zostera marina

Rodaballo

Carpa

Jurel blanco

Medusa aguamala

Cangrejo ermitaño

Zampullín cuellirrojo

Delfín mular

MAR

Ostra plana europea

Marsopa

Medusa común

Bogavante

Foca monje

TURQUÍA

Pardela mediterránea

MAR DE MÁRMARA

MAR NEGRO

ESTRECHO DEL BÓSFORO

MAR DE MÁRMARA

OCÉANO ATLÁNTICO

EUROPA

MAR NEGRO

ÁFRICA

UCRANIA

Esturión ruso

Pelícano ceñudo

MAR DE AZOV

Bogavante

214
¿Qué tipo de animal es el bogavante?

Es un **CRUSTÁCEO**.

Boquerón

Cisne cantor

RUSIA

Pagaza piquirroja

Pez obispo

Tiburón azotador

Mielga

Alga marrón del mar Negro

Caracol rapana venosa

GEORGIA

NEGRO

Orca negra

Gabio redondo

Mejillón cebra

Ctenóforo americano

Espadín

Salmonete de fango

215
¿Para qué utiliza sus peligrosas pinzas?

La más fina tiene bordes afilados y la utiliza para **CORTAR;** la más gruesa tiene fuertes dientes y la emplea para **TRITURAR**.

216
¿Cómo vive?

Por el día permanece escondido en su madriguera. Por la **NOCHE** sale a **BUSCAR ALIMENTO** por los fondos de arena y grava, recorriendo grandes distancias.

ASIA

Diablo de mar

217 ¿Tiene esqueleto el diablo de mar?

La **MANTA** o diablo de mar tiene un **ESQUELETO CARTILAGINOSO** (no es de hueso, sino de cartílago). Alcanza una tonelada de peso, lo que no le impide dar espectaculares saltos fuera del agua.

218 ¿Cómo es?

Tiene unos **LÓBULOS** a los lados de la cabeza, a modo de **CUERNOS**, para dirigir el alimento hacia su gigantesca boca. En las branquias posee unas membranas para filtrar el plancton. Nada lentamente moviendo sus grandes aletas.

OCÉANO ÍNDICO

ASIA

MAR ROJO

ÁFRICA

MEDITERRÁNEO

ARABIA SAUDÍ

ASIA

MAR

Gaviota ojiblanca

Tortuga verde

Diablo de mar

Flamenco

Dromas

Águila pescadora

JORDANIA

Chromadoris africana

Estrella de mar de Ghardaqa

TIRAN Y SANAFIR

Choquito picudo

Garza real

Fuente de salmuera

MAR ROJO

EGIPTO

Piquero pardo

ÁFRICA

Arrecife de coral

Santuario marino de Farasan

Garceta

Almeja gigante

ISLAS HANISH

FARASAN

Halichoeres hortulanus

KAMARAN

ERITREA

Pelícano

Caballito de mar
Hipocampus kelloggi

Morena gigante

Pez ángel

Pez león

ISLAS DAHLAK

Pez Napoleón

Pez payaso de Allard

ROJO

Pulpo patudo

Parque nacional marino de Dahlak

SUDÁN

Almeja gigante

219 ¿Cómo es la almeja gigante?

Es el mayor molusco con concha. Pesa más de **300 KG** y se protege con su robusta **CONCHA** (esqueleto externo).

220 ¿Vive muchos años?

Se le considera un animal **MUY LONGEVO**, pues se calcula que puede vivir hasta los 100 años.

221 ¿Cómo es su concha?

Su concha es **GRUESA, ONDULADA Y DENTADA.** Su color procede de las algas que viven en simbiosis en su interior, a las que protege; a cambio, las algas le ofrecen alimento.

Golfo Pérsico

IRAK

KUWAIT

ARABIA SAUDÍ

GOLFO PÉRSICO

BARÉIN

CATAR

Cauri

Sepia faraón

Pez *Plotous lineatus*

Langosta espinosa

Picuda serpentina

Pez *Ostracion cyanurus*

Delfín calderón gris

Pez pipa fantasma arlequín

Gaviota cejiblanca

Pez cirujano

Galera

Pez loro

Pez *Epinephelus chlorostigma*

Coral *Dipsastrea speciosa*

Tiburón cebra

Perca enana de Aldabra

Galleta de mar

Pez escorpión

Mero de coral

Garceta costera occidental

Ostra *Pinctada radiata*

Pez escorpión

222
¿Qué aspecto tiene el pez escorpión?

Su cuerpo presenta **FRANJAS TRANSVERSALES** blancas, marrones y rojas. Las aletas pectorales y dorsales están muy desarrolladas, a modo de abanico.

223
¿Cuál es su mejor defensa?

Su potente **VENENO.**

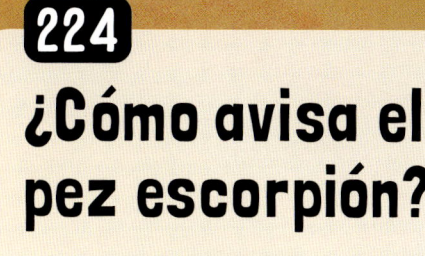

ASIA

GOLFO
PÉRSICO

ÁFRICA

OCÉANO ÍNDICO

Garcita
azulada

Pelícano
rosado

Molusco *Murex pecten*

Gusano de
coral azul

Cormorán
de Socotra

IRÁN

ISLA DE QESHM

Raya de arrecife

224

¿Cómo avisa el pez escorpión?

La **LLAMATIVA COLORACIÓN** de este pez avisa a sus depredadores del peligro de su veneno.

Pez ángel
de barra
amarilla

ISLA DE KISH

Almeja
gigante

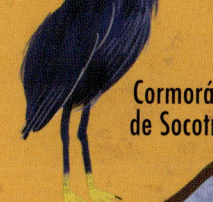

Cangrejo
crucifijo

Tiburón
ballena

Serpiente
marina amarilla

Calamar de
la India

Morena de
cabeza amarilla

Pez
cocodrilo

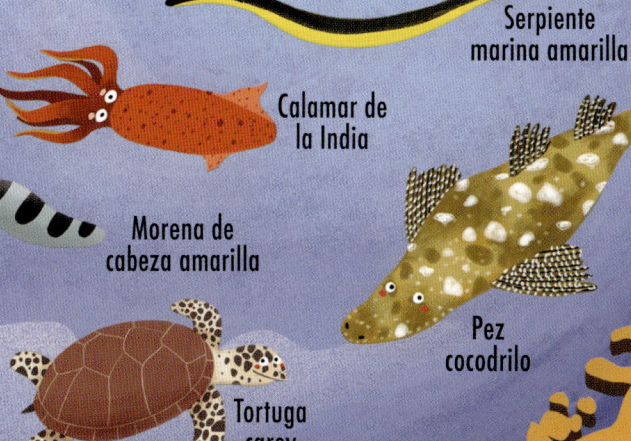

Tortuga
carey

225

¿Cómo actúa el pez escorpión?

Es un animal **NOCTURNO.** Nada con lentitud, pero se lanza a la velocidad del rayo sobre sus presas, acorralándolas con sus aletas pectorales contra el arrecife.
Es **TERRITORIAL** y muy **AGRESIVO.** La hembra pone los huevos en el fondo.

EMIRATOS ÁRABES UNIDOS

Vuelvepiedras

ISLA DE BAFFIN

ESTRECHO DE HUDSON

Liebre ártica

ÁRTICO

ATLÁNTICO

BAHÍA DE HUDSON

AMÉRICA

SALISBURY

NOTTINGHAM

227

¿Sabe cantar?

EMITE SONIDOS bajo el agua que pueden ser escuchados a más de 25 km de distancia.

Foca moteada

CUENCA FOXE

Medusa melena de león ártica

MANSEL

Gaviota de Sabine

Cisne silbador

SOUTHAMPTON

Morsa

Orca

COATS

PENÍNSULA DE MELVILLE

Tiburón de Groenlandia

BAHÍA DE HUDSON

Eider común

Ganso nival

Trucha ártica

Fletán del Atlántico

Zostera marina

BAHÍA DE HUDSON

Foca barbuda

226

¿Tiene barba la foca barbuda?

Su nombre se debe a las **BARBAS SENSITIVAS** que le sirven para localizar los crustáceos del fondo.

NUNAVUT

Caribú

Fitoplancton

Foca barbuda

Medusa peine

Arao aliblanco

QUEBEC

Búho nival

Bígaro áspero

Raya radiante

ISLAS BELCHER

Barnacla canadiense

Estrella girasol

Erizos de mar

Mejillones

BAHÍA JAMES

AKIMISKI

CANADÁ

Zorro ártico

Ballena de Groenlandia

Delfín de hocico blanco

Cachalote

Grulla canadiense

Esponja vítrea

ONTARIO

Beluga

Bacalao polar

Oso polar

Cangrejo azul

MANITOBA

228 ¿Cuál es su mayor depredador?

El mayor depredador de esta foca (que puede superar los 350 kg) es el **OSO POLAR.**

229 ¿Cómo se reproduce?

La hembra, solitaria, pare **UNA ÚNICA CRÍA** sobre el hielo de los témpanos flotantes. Pueden vivir 30 años.

MAR BÁLTICO

OCÉANO ATLÁNTICO

EUROPA

MAR BÁLTICO

ÁFRICA

HAILUOTO

Camarón

Cabracho espinoso

FINLANDIA

HOLMÖARNA

KVARKEN

Caracol *Semisalsa stagnorum*

Calamar gigante

GOLFO DE BOTNIA

Correlimos oscuro

Crustáceo *Saduria entomon*

Águila pescadora

Zostera marina

Foca gris

Foca anillada

Cangrejo verde

Ánade real

NORUEGA

Ostrero euroasiático

Calamar gigante

230
¿Cuándo se pudo ver por primera vez un calamar gigante?

Solo se conocían cadáveres de este animal varados en playas y capturados con redes. Hasta **2006** no se pudo filmar en su hábitat natural.

231
¿De qué animal es el alimento preferido?

Es el alimento preferido del **CACHALOTE**.

232 ¿Tan grande es el calamar gigante?

Sí, es el **MAYOR INVERTEBRADO** que existe. Sus ojos son los más grandes del reino animal, del tamaño de una cabeza humana. Tiene ocho tentáculos con ventosas de hasta 5 cm de diámetro; los dos más largos los utiliza para cazar.

233 ¿Qué diferencia hay entre machos y hembras?

La **HEMBRA** es mucho **MÁS GRANDE** que el macho.

Arenque

GOLFO DE FINLANDIA

FASTA ÅLAND

MAR BÁLTICO

Tiburón cailón

Cisne blanco

Estrella de mar
Hippasteria phrygiana

Lumpo

GOLFO DE GDANSK

POLONIA

Nutria

GOTLAND

ÖLAND

Raya

Rodaballo

Gaviota reidora

SUECIA

Bellota de mar

Mejillón

BORNHOLM

Trucha común

RÜGEN

Rorcual aliblanco

Marsopa

Tiburón peregrino

Tortuga laúd

DINAMARCA

ESTRECHO DE SKAGERRAK

ESTRECHO DE KATTEGAT

SELANDIA

FIONIA

JUTLAND

Ortiga de mar

ALEMANIA

89

ESPECIAL TIBURONES

Los tiburones viven en nuestros mares desde hace 400 millones de años y en todo ese tiempo su cuerpo apenas ha sufrido modificaciones. Actualmente se conocen unas 500 especies de tiburones y, aunque son muy distintas, tienen rasgos comunes: poseen un esqueleto cartilaginoso, presentan entre 5 y 7 pares de hendiduras branquiales, carecen de escamas y ninguno es vegetariano.

¿Cómo son?

234

¿Cómo son sus ojos?

Son órganos muy **PERFECCIONADOS,** similares a los de los mamíferos.

235

¿Cómo es su boca?

Suele ser **ANCHA,** con varias filas de dientes por mandíbula.

236

¿Qué son las narinas?

Son los **ORIFICIOS NASALES,** muy sensibles al olor; pueden detectar sangre a kilómetros de distancia. A veces, están conectadas con la boca.

237

¿Y los espiráculos?

Son pequeñas **ABERTURAS BRANQUIALES** situadas detrás de los ojos, presentes en la mayoría de los tiburones.

238

¿Qué son las branquias?

Las branquias son **CORTES TRANSVERSALES** (de 5 a 7) que usa para respirar bajo el agua. Su tamaño puede ser diminuto, como en los tiburones enanos, o enorme, como en los que comen plancton.

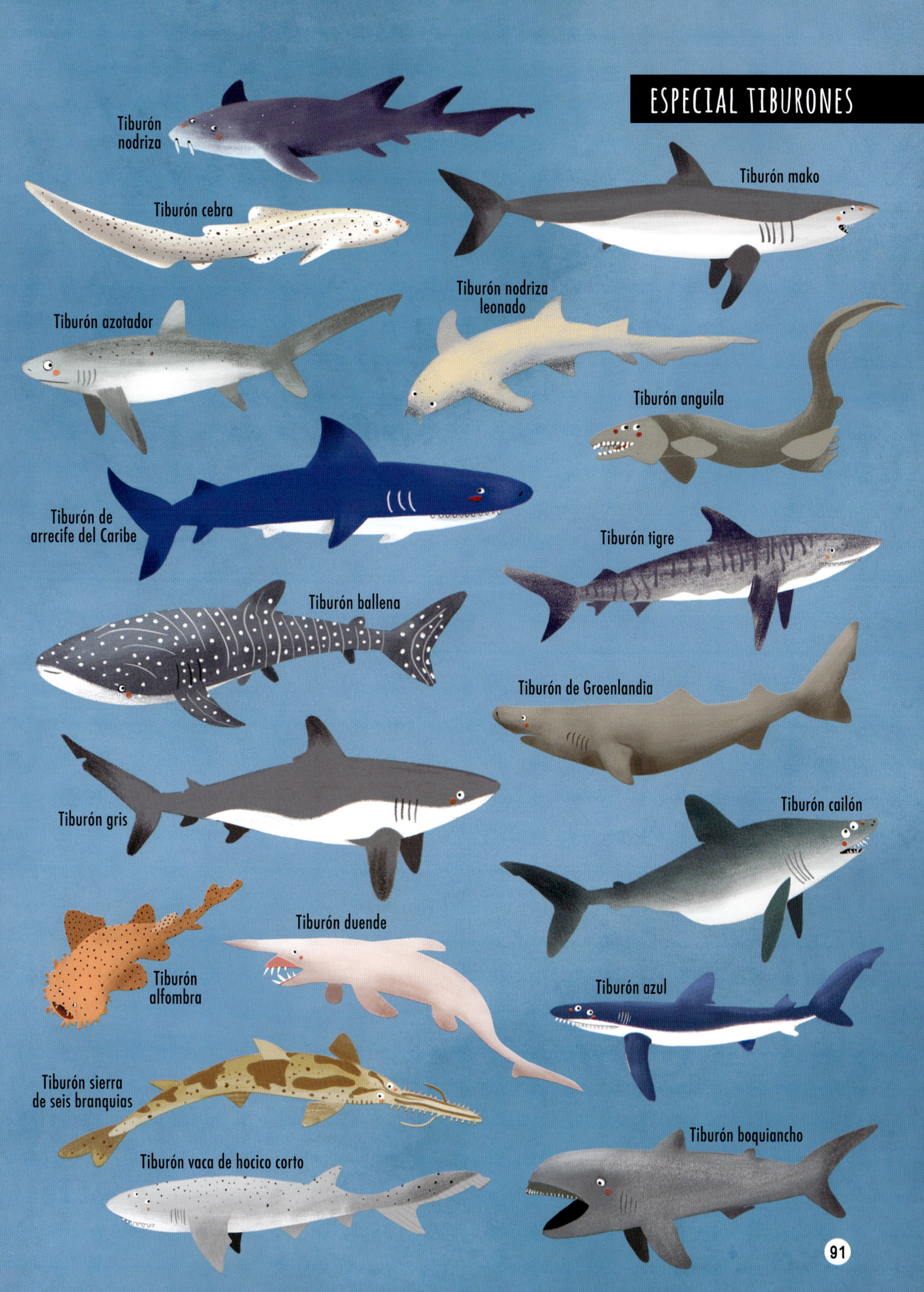

Tiburón nodriza

Tiburón mako

Tiburón cebra

Tiburón nodriza leonado

Tiburón azotador

Tiburón anguila

Tiburón de arrecife del Caribe

Tiburón tigre

Tiburón ballena

Tiburón de Groenlandia

Tiburón cailón

Tiburón gris

Tiburón duende

Tiburón azul

Tiburón alfombra

Tiburón sierra de seis branquias

Tiburón boquiancho

Tiburón vaca de hocico corto

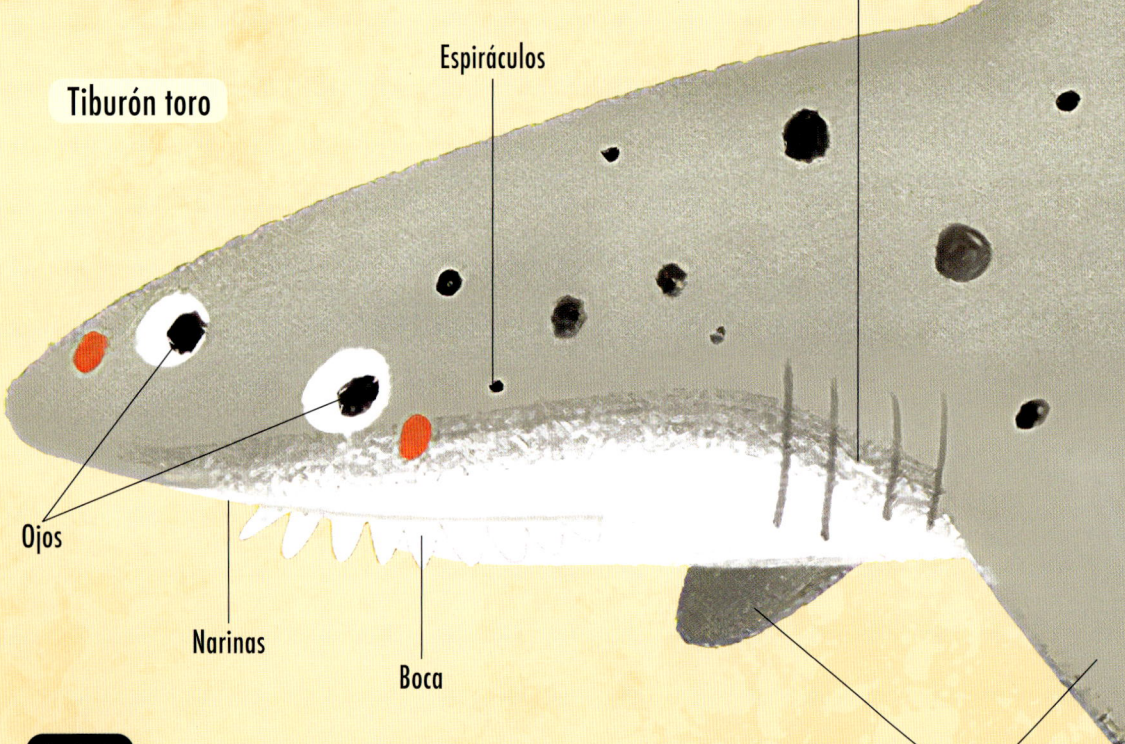

239

¿Cómo es su esqueleto?

La particularidad más notable de la anatomía de los tiburones es la **AUSENCIA** total de **HUESOS Y ESPINAS** en su esqueleto. Formado este exclusivamente por **CARTÍLAGO,** puede endurecerse más o menos (calcificación), pero nunca convertirse en hueso (osificación).

Branquias

Espiráculos

Tiburón toro

Ojos

Narinas

Boca

Aletas pectorales

240

¿Qué son las aletas dorsales?

Son **APÉNDICES** externos que les sirven para controlar el balanceo del cuerpo al nadar. Suelen tener dos, la primera más grande. Pueden tener una espina delante.

241

¿Y la aleta caudal?

Es el **APÉNDICE EXTREMO,** que tiene con frecuencia una estructura asimétrica, con el lóbulo superior mayor que el inferior.

242

¿Todos tienen aleta anal?

No, este apéndice está **AUSENTE EN ALGUNAS ESPECIES.**

Aletas dorsales

Aleta caudal

Aleta anal

Aletas pélvicas

243

¿Qué tienen junto a las aletas pélvicas?

Los machos cuentan con un par de órganos llamados **«PTERIGOPODIOS»** para facilitar el apareamiento.

244

¿Para qué sirven las aletas pectorales?

Son apéndices que posibilitan su movilidad, junto a las aletas pélvicas, y permiten al tiburón **ASCENDER.**

245

¿Comen de todo?

Los hay especializados en comer carne, plancton, moluscos, y los hay que se alimentan de carne en putrefacción (carroñeros). Solo ciertas especies comen de todo, como el **TIBURÓN TIGRE,** en cuyo estómago se han encontrado presas muy variadas e incluso objetos no comestibles.

Tiburón peregrino

246

¿Cómo cazan?

Los tiburones son **SIGILOSOS** a la hora de cazar, e incluso pueden planificar la forma en la que van a sorprender a su presa. El ataque suele ser en forma de torpedo, de abajo hacia arriba.

Tiburón blanco

247

¿Cómo se reproducen?

No todas las especies han desarrollado la misma manera de tener descendencia: unas especies se reproducen por medio de **HUEVOS,** mientras que en otras las hembras paren **ALEVINES** completamente desarrollados.

248
¿Qué es el oviparismo?

La hembra **EXPULSA LOS HUEVOS** y el embrión se desarrolla dentro de ellos hasta que eclosiona. Por ejemplo, la cría de la **PINTARROJA** crece lentamente en el huevo. A los 50 días es más pequeña que su almacén de comida, la yema. Se desarrolla poco a poco y eclosiona ocho meses después.

249
¿En qué consiste el ovoviviparismo?

La hembra tiene **HUEVOS,** pero estos se quedan en el **INTERIOR DE LA MADRE** y los alevines no salen hasta que el embrión está bien desarrollado. El alevín de **TIBURÓN LINTERNA** completa su desarrollo dentro de la madre, alimentándose de la yema.

250
¿Y el viviparismo?

Es la forma de reproducción más avanzada en los tiburones. Gracias al cordón placentario, el alimento es transportado desde el útero de la madre hasta la cría. Es el caso del **TIBURÓN MARTILLO.** La hembra **PARE CRÍAS** que tienen que valerse por sí mismas de inmediato, pues los padres no las cuidan.

Tiburón martillo

ÍNDICE DE ESPECIES PRINCIPALES